좁은 길을 따르며 천국을 꽃피웁니다

Family Worship in the Sermon on the Mount

산상수훈
가정예배

김정호
지음

비홀드

가정은 개인과 사회의 출발이며 기초입니다. 가정이 바로 서지 못하면 개인도, 사회도, 국가도 바로 설 수 없습니다. 무엇보다 가정은 교회를 이루는 근간(根幹)입니다. 교회를 구성하는 가정들이 굳게 서지 못하면 교회 역시 굳게 서지 못하게 됩니다. 하지만 오늘 우리 시대를 볼 때에는, 인류 역사상 오늘날처럼 가정이 심하게 깨어지고 붕괴되었던 시대가 또 있었을까 하는 서글프고 두려운 생각을 가지게 됩니다. 가정과 결혼생활의 위기와 갈등을 해소시켜 준다고 하는 수많은 저술들, 결혼 관련 세미나, 특강, 부부 및 자녀 상담 프로그램 등이 소개되고 있습니다. 하지만 가정 문제의 핵심이 영적인 것임을 진정으로 심각하게 인식하고 이를 영적으로 풀어가려고 하는 이들은 그리 많지 않습니다.

가정예배 전통은 개혁교회의 소중한 신앙 유산입니다. 그런데 언제부터인가 우리의 가정에서 찬송과 기도와 성경을 읽는 소리가 더 이상 들리지 않게 되었습니다. 오늘날 기독교는 점점 철저한 개인 신앙, 개인 종교가 되어가고 있습니다. 개인 경건과 묵상 시간을 통한 하나님과의 일대일 만남을 강조하면서도, 정작 부모로부터 신앙을 전수받고 온 가족이 함께 하나님을 예배하는 일은 간과하고 있습니다. 오랫동안 혼자 큐티(Quiet Time)하는 일에 너무 익숙한 나머지, 이제는 가족과 함께 거실에 둘러앉아 찬송하고 기도하고 성경을 읽고 말씀을 나누는 것이 오히려 어색한 일이 되어버렸습니다.

이러한 때에 신실한 목회자이자 복음의 동역자인 사랑하는 김정호 목사가 산상수훈의 말씀을 한 구절씩 읽고 묵상하면서 양들을 위하여 정성껏 집필한 가정예배서가 출판된다고 하니 반가운 마음 그지없습니다. 모든 성도들의 가정에서 귀하게 사용되어, 각 가정마다 '기쁜 소리, 구원의 소리'(시 118:15)가 아침저녁마다 흘러나오게 되기를 기도합니다.

김준범 목사_양의문교회를 담임하고 있으며
'시편찬송' 출판과 보급에 힘쓰고 있습니다.

본서는 '기독교의 황금률'이라고 부르는 산상수훈의 말씀을 중심으로 천국을 이루어 가는 가정예배서입니다. 이 책의 저자는 뛰어난 성경 신학자이자 좋은 목회자로서 산상수훈에 나타난 복된 진리를 가정예배에 접목하는 탁월성을 보여 주고 있습니다. 한 구절 한 구절 산상수훈을 통해 알리고자 하신 주님의 뜻을 바르게 해석하여 전하여 준 그의 수고에 감사를 드립니다.

「산상수훈 가정예배」는 가정에 천국을 이루길 원하는 모든 크리스천이 바라고 기다려 온 책입니다. 이 책을 손에 들고 온 가족이 둘러앉아 예배할 때, 성령의 역사로 인한 큰 기쁨과 감사가 넘칠 것입니다. 그리고 사랑하는 자녀들에게 그리스도의 복된 말씀과 참된 가르침이 영적 유산으로 물려질 것입니다. 어려서부터 바른 신앙관과 주님을 닮은 성품을 갖추도록 애써야 하는 부모의 신앙 교육이 가정예배를 통하여 자연스레 이뤄질 것입니다.

저는 많은 성도들의 가정에 이 책이 널리 사용되어지길 원합니다. 그래서 산상수훈의 가르침을 따라 삶의 뿌리를 내리고, 천국 시민으로서의 온전한 삶을 살아가는 크리스천들이 더욱 많아지길 소망합니다. 「산상수훈 가정예배」가 빛과 소금이 되어 어둡고 황폐해져 가는 이 세상에 두루 비춰지며 참맛을 내는 일에 귀하게 사용되어지길 바라며 적극 추천합니다.

박태수 교수_한국성서대학교 조직신학 교수이며
한국복음주의조직신학회 회장입니다.

'청지기'라는 단어는 저자인 남편을 만났을 때부터 지금까지 늘 제 마음에 그려지는 단어입니다. 늘 한결같고 일정한 남편의 삶이기에 그러한가 봅니다. 특히나 온유하고 진실한 성품은 저를 포함해 모두를 평안하게 해 줍니다. 과장되지도 또 감하지도 않고 늘 진지하게 말씀을 연구해 전해 주는 설교는 성경 안에 감추어진 본연의 뜻이 깨끗하게 전해져 배우는 바가 깊고 큽니다. 자신이 전한 말씀대로 살기를 힘쓰는 모습 또한 고맙습니다. 그렇지 못할 때에 아파하는 모습도 귀합니다.

「산상수훈 가정예배」는 가정예배를 잘 드렸기에 집필한 책이기보다 오히려 가정예배를 더 잘 드리고 싶어 출판의뢰가 왔을 때에 부끄럽지만 승낙한 책입니다. 올해 교회에서 설교한 내용을 중심으로 정리하여 집필했기에 한 주 한 주 고민하며 살아 온 남편의 삶이 책 안에 담겨 있습니다. 청소년기 아들의 무수한 질문과 혼돈 속에 온 가족이 함께 질주하면서 산상수훈의 교훈들을 나누고 하나님 나라 백성의 삶을 세워간 본문이기도 합니다.

이 책을 통하여 예수님께서 본을 보이신 산상수훈의 거룩한 삶이 이제 우리들의 가정에도 거룩하게 입혀지고, 우리의 믿음의 인격이 되어지길 바랍니다. 산상수훈을 실천함으로 빚어지는 우리 가정의 모습이 천국을 소유한 가정답게 행복하고 만족과 위로, 사랑이 넘치길 소망합니다. 우리가 누리는 그 산상수훈의 삶은 천국이 어디 있냐고, 천국 백성의 삶은 무엇이 더 도드라지게 다르냐고 질문하는 세상에 분명한 답이 될 것입니다. 돌아갈 천국이 있기에 부질없는 욕심에 삶을 낭비하지 않고, 이 땅에서부터 천국의 시민답게 하늘의 복을 누리며 산다면 더 바랄 것이 무엇이겠습니까! 하늘의 행복자로 이 땅을 살아간다는 것이 얼마나 귀한지 안다면 우리는 산상수훈의 삶을 살 수밖에 없을 것입니다.

더불어 「산상수훈 가정예배」가 예수님을 닮은 후대들을 세워가는 일에 헌신하는 부모와 신앙교육의 짐을 함께 나누어 지고, 온 가족이 즐거이 동참하는 귀한 가정예배서가 되길 바랍니다. 우리의 가정예배를 통하여 하나님 나라 백성으로서의 삶과 인격을 갖춘 귀한 세대가 계속해서 세워져 나가기를 간절히 기도합니다. 마지막으로 한결같이 자리를 지키며 집필을 마치기까지 수고해 준 남편의 성실한 삶에 감사하며 이 일을 시작하게 하시고 끝까지 마칠 수 있도록 도움을 주신 우리 하나님께 모든 영광을 돌립니다.

권윤정 사모_믿음의 동역자요 사랑하는 아내이며
저서로는 「자녀말씀기도문」이 있습니다.

우리는 다른 피조물과 달리 하나님을 예배하도록 지음 받았습니다. 예배는 우리 특권이며 의무입니다. 우리 존재 목적은 하나님을 영화롭게 하고 즐거워하는 것이며 예배는 이러한 목적을 이루는 거룩한 행위입니다.

오늘날 개인 묵상이나 교회 공예배는 많이 강조되고 행해지는 반면, 가정예배는 그렇지 못한 실정입니다. 현실적인 이유로 실천하기가 쉽지 않기 때문입니다. 그러나 신앙 교육과 실천이 가정에서부터 시작되고, 이 악한 세대 가운데 가정의 위기를 알고 느낀다면 지금이야말로 서둘러 가정예배를 드릴 때입니다.

온 가족이 매일 모이기 어렵다면 일주일에 한 번 예배드릴 것을 권합니다. 매주 정한 날에 가정예배를 드리면 여러 유익을 얻습니다. 먼저는 하나님과의 관계가 깊어지고 가족 간의 관계가 더욱 돈독해집니다. 부모와 자녀가 함께 예배하면서 사랑을 확인하고 하나 됨을 경험합니다. 서로의 마음과 삶을 나누며 기도하고 축복하는 시간은 모두의 영혼에 복이 됩니다. 생명의 말씀을 통하여 하나님의 뜻, 성품, 속성을 배우면서 영적인 성장을 이룹니다. 서로를 깊이 이해하며 사랑을 다짐하는 시간을 갖습니다.

이처럼 우리가 하나님 나라, 천국이 이뤄지는 가정예배의 유익을 누리려면, 먼저 하나님의 말씀인 성경을 바르게 배우고 실천해야 합니다. 저는 그 시작이 성경의 중심적 가르침인 예수님의 설교, 산상수훈이 되기를 간절히 바라고 강력히 권합니다.

구약시대 때, 가정에서의 신앙교육은 모세의 율법을 통해 이루어졌습니다. 모세는 시내 산에서 하나님의 율법을 이스라엘 백성들에게 가르쳤고, 가르침을 받은 부모들은 그 율법을 가정에서 자녀들에게 가르쳤습니다. 이스라엘은 모세오경인 하나님의 율법을 가장 중요하게 여겼고, 자손들에게 율법 교육은 필수였습니다.

이 땅에 오신 예수님은 하나님의 율법 정신의 요약이라 할 수 있는 산상수훈을 하나님 나라 백성들에게 가르치셨습니다. 하나님이 택하신 이스라엘이 그러했듯, 하나님 나라의 백성인 우리는 예수님의 산상설교를 자녀들에게 가르쳐야 합니다. 「산상수훈 가정예배」는 우리 가족이 하나님 나라 백성의 소양을 익히도록 인도합니다. 그리고 하나님 나라 백성의 행복, 특징, 윤리, 우선순위, 실천사항 등을 말씀으로 정확히 가르칠 수 있도록 이끌어 줍니다. 부모를 통하여 전해지는 그 가르침은 사랑하는 자녀의 평생에 새겨져 그들의 삶을 바르고 행복하게, 그리고 마침내 영원한 천국으로 인도해 줄 것입니다.

예수님은 하나님의 법을 '하나님 사랑, 이웃 사랑'으로 요약하셨습니다. 그리고 그분 자신이 십자가에서 이를 완전히 보여 주셨습니다. 예수님의 산상설교 역시 하나님 사랑, 이웃 사랑에 대한 가르침입니다. 따라서 산상수훈 말씀으로 드리는 가정예배를 통하여 하나님 사랑, 이웃 사랑을 바르게 이해하고 배우며 순종하는 것은 성경의 정수를 익히는 것입니다. 이러한 의미에서 「산상수훈 가정예배」는 성경의 핵심을 익히는 매우 중요한 시간이 될 것입니다.

해로운 지식은 아무리 많이 소유해도 유익을 주지 못할 뿐 아니라 오히려 삶을 불행하게 만듭니다. 불필요하거나 삶의 변화에도 전혀 도움을 주지 못합니다. 그러나 꼭 필요하고 영원히 유익한 참 지식, 곧 산상수훈은 개인뿐 아니라 우리 가정을 진정으로 복되게 할 것입니다. 우리가 꿈꾸어 온 진정한 행복이 바로 가정에서 이루어질 것입니다.

산상수훈에 나타난 예수님의 진리의 말씀과 참된 사랑을 자녀들에게 유산으로 물려주십시오. 가정예배를 통하여 예수님의 참된 정신을 배우고 나누며 전수하는 것은 우리 자녀들의 평생에 큰 영적 자산이 될 것입니다. 우리 주 예수 그리스도의 은혜가 산상수훈으로 가정예배를 드리는 모든 영혼에게 아침 이슬처럼 임하기를 축복하며 기도합니다.

차례

산상수훈 가정예배를 드리는 순서 ♪ 🖐 📱 🔍 ♡ 🙌

① 찬　　양 | 인도자를 따라 다 함께 찬송가를 부릅니다.

② 시작기도 | 인도자가 대표로 기도합니다.

③ 말씀배움 | 다 함께 본문말씀을 읽고 인도자가 메시지를 전
　　　　　 합니다. 인도자는 주제를 가장 먼저 읽고 메시지
　　　　　 가운데 굵은 글씨체는 강조해서 읽습니다.

④ 적용나눔 | 인도자를 따라 세 가지 질문에 대하여 자유롭게
　　　　　 나눕니다.

⑤ 감사나눔 | 다 함께 돌아가면서 한 주간의 감사와 기도제목
　　　　　 을 나눕니다.

⑥ 마침기도 | 인도자 또는 가족이 돌아가면서 대표로 기도합
　　　　　 니다.

⑦ 주기도문 | 인도자를 따라 주기도문으로 예배를 마친 후, 서
　　　　　 로를 따뜻하게 축복합니다.

※ 인도자는 예배 전에 미리 메시지를 묵상하고 기도로 준비하며 성령님의 인도
　 하심을 구합니다. 인도 중에 강압적인 말투나 행동을 하지 않습니다.
※ '시작기도', '마침기도'에 기도자의 고백을 더하여 기도하길 권합니다.

산상수훈 가정예배 필사노트 미션

• 하나님 나라의 의, 희락, 화평으로 물든 가정예배 후, 일주일의 하루 시간을 정하여 산상수훈 말씀을 필사합니다.

• 예수님이 직접 전하신 짧지만 강력한 한 구절 한 구절을 내가 직접 한 글자 한 글자 또박또박 쓰고 묵상하면서 예수님의 마음을 만나고 그분을 닮아갑니다.

• 산상수훈 필사는 결코 추상적이지 않고 말뿐인 삶이 아닌 거룩한 삶을 여는 문이며 반석 위에 집을 짓는 과정입니다. 가족 모두 시간을 정해 함께 필사하고 암송해도 좋습니다.

• 다음 QR코드로 접속하여 안내를 따라주세요.

• https://blog.naver.com/beholdbook/222938775438
• blog.naver.com/beholdbook
  '다운로드'(좌측메뉴)에서 '가정예배필사노트' 선택

<필사노트샘플>

우리는 매주 __요일 _____시에

함께 모여 예배합니다!

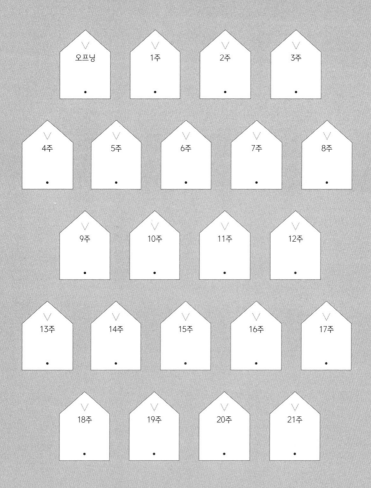

가정예배 날짜를 기록하고 예배를 마친 후, 체크하세요.

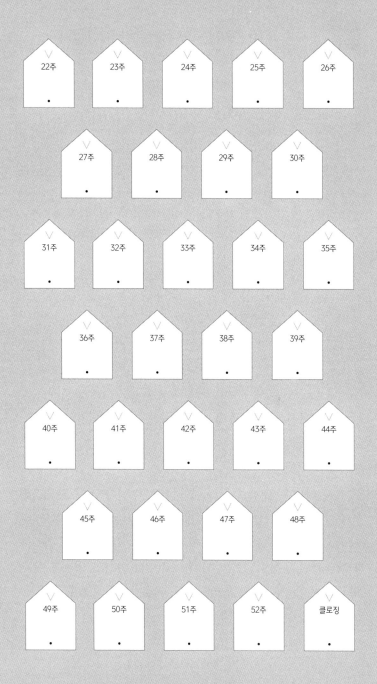

가정예배 날짜를 기록하고 예배를 마친 후, 체크하세요.

우리 가족은 하나님 나라 백성입니다

오프닝

찬양 🎵 찬송가 455장 주님의 마음을 본받는 자

시작기도 🙏 거룩하신 하나님, 저희 가정에 허락해 주신 구원의 은혜에 참 감사합니다. 산상수훈 말씀으로 시작하는 저희의 첫 가정예배 를 기쁘게 받아 주시고 저희를 말씀으로 하나 되게 해 주세요. 거룩하고 행복한 하나님 나라 백성으로 빚어 주세요.

말씀배움 📄 마태복음 5장 1-2절을 함께 읽습니다.
¹예수께서 무리를 보시고 산에 올라가 앉으시니 제자들이 나아 온지라 ²입을 열어 가르쳐 이르시되.

ㅣ ㅣ ㅣ

하나님이 우리를 그 나라의 백성으로 부르셨기에
우리는 예수님을 닮아 세상과 구별되어야 합니다

거룩의 핵심은 '구별'입니다. 우리는 예수님을 닮아 감으로써 거룩의 정체성을 분명히 해야 합니다. 세상을 닮아 가면 거룩 의 능력을 상실하고 맙니다. 이 땅에 오신 예수님은 공생애를 시작하시면서 하나님 나라의 복음을 선포하시고 회개를 촉구 하셨습니다. 예수님의 놀라운 메시지를 듣고 기적을 본 많은 무리가 그분을 따랐습니다.

어느 날 예수님은 무리를 보시고 산에 올라 앉으신 후 가르치기 시작하셨습니다. 우리는 이 메시지를 '산상설교' 또는 '산상수훈'이라고 부릅니다. 예수님은 산상설교를 통하여 세상적인 행복과 형식적인 경건을 추구하는 사람들에게 '참된 행복'과 '경건'이 무엇인지 가르치십니다. 즉, 산상수훈은 하나님 나라 백성의 윤리와 특징을 가르칩니다. 가정예배의 첫 시간인 오늘 우리는 참된 행복을 누리는 하나님 나라 백성의 특징에 대하여 함께 살펴보겠습니다.

첫째, 하나님 나라 백성은 행복합니다! 마태복음 5장 3절부터 10절까지 나오는 '팔복'은 행복한 천국 시민의 성품에 대하여 설명합니다. 예수님을 닮은 성품이 곧 행복한 천국 시민의 성품입니다. 세상은 물질적 부를 행복의 필수 조건으로 삼지만 참된 행복은 예수님의 성품을 닮음에 있습니다. 하나님 나라 백성에게는 예수님이 행복의 근원이시기에 그분과 한 몸을 이루는 그들은 영원히 행복한 자들입니다.

둘째, 하나님 나라 백성은 영적입니다! 외면이 아닌 내면의 중요성을 인식합니다. 율법의 문자에 얽매여 억지로 말씀을 지키지 않고 온 마음으로 순종하고 하나님을 사모합니다. 이는 성령으로 거듭나 새 마음을 받았기 때문입니다. 그들은 율법주의자가 아닌 성령의 사람으로서 하나님의 말씀에 순종하는 것을 행복으로 삼습니다. 또한 천국 시민으로서 성령님과 교제하며 살아갑니다.

셋째, 하나님 나라 백성은 의롭습니다! 천국 백성은 자기 생각이나 감정이 아닌 하나님의 말씀을 삶의 기준으로 삼습니다. 말씀에 부합하는 의로움을 이루기 위하여 노력합니다. 이는 자기 의를 쌓으려는 노력이 아닙니다. 사람에게 인정받으려고 자기 의를 쌓는 바리새인들의 시도와 완전히 다릅니다. 하나님 나라 백성은 자기 의를 부정하고, 덧입혀 주신 예수님의 완전한 의를 의지하며 감사함으로 순종합니다.

넷째, 하나님 나라 백성은 진실합니다! 예수님 당시 그분을 가장 대적했던 자들은 종교 전문가인 바리새인들이었습니다. 그들은 경건의 가면을 쓰고 사람들 앞에서 거룩한 척 연기를 했습니다. 자신들의 위대함을 홍보하기 위하여 구제하고 기도하고 금식했습니다. 그들은 한마디로 위선자였습니다. 그러나 하나님 나라 백성은 경건하게 보이려고 자신의 말과 행동을 포장하지 않습니다. 오히려 자신들의 연약함과 죄악 됨을 인정하며 진실하고 정직하게 행합니다.

다섯째, 하나님 나라 백성은 실천적입니다! 말이 아닌 삶으로 믿음의 진실성을 나타냅니다. 행함이 없는 죽은 믿음이 아닌 행함이 있는 참된 믿음으로 살아갑니다. 말씀을 듣고 주야로 묵상하고 들은 말씀으로 자신을 돌아보며 회개하고 순종합니다. 바로 이러한 자들이 참으로 행복하고 경건한 천국 백성입니다.

ㅣ ㅣ ㅣ

적용나눔 · 우리 가정은 신앙인으로서 어떤 특징을 가지고 있나
요? 각자 자신의 두드러진 특징에 대해 솔직하게 나
누어 보세요.
· 사람들이 일반적으로 생각하는 행복의 조건은 무엇
인가요? 하나님 나라 백성은 그 조건이 만족되지 않
더라도 행복할 이유가 있을까요?
· 하나님 나라 백성으로 성장하는 과정에서 삶의 기준
으로 삼아야 할 것은 무엇일까요?

감사나눔 가정예배를 시작하게 해 주신 하나님께 감사의 고백과 이번 한
 주간의 기도제목을 나누고 기도해요!

마침기도 거룩하신 하나님, 그리스도의 십자가 대속을 통하여 저희를 하
나님 나라 백성으로 삼아 주셔서 감사합니다. 이 세상에서 저
희 가정이 하나님 나라 백성으로 거룩하게 구별된 삶을 살아가
고, 거룩함 가운데 행복을 누릴 수 있도록 도와주세요. 저희가
드리는 모든 예배를 기쁘게 받아주시고, 산상수훈 말씀을 통하
여 예수님을 더욱 닮아가도록 인도해 주세요.

주기도문 가정예배를 마친 후, 서로 "사랑해요, 축복해요"라고 나눕니다.

심령이 가난한 우리 가정은 행복합니다

1주

찬양 ♪   찬송가 446장 주 음성 외에는

시작기도   왕이신 하나님, 저희가 한자리에 모여 예배할 수 있도록 인도
🖐   해 주셔서 감사합니다. 저희를 말씀의 양식으로 채워 주시고
주께로 더욱 가까이 이끌어 주세요. 저희가 드리는 가정예배를
통하여 오직 주님만 영광 받으시기를 원합니다.

말씀배움   마태복음 5장 3절을 함께 읽습니다.
🗐   심령이 가난한 자는 복이 있나니 천국이 그들의 것임이요.

ı ı ı

하나님을 구하는 마음이 행복이기에
온 마음으로 그분을 구해야 합니다

"부자는 행복하다"라는 정의를 내리고 돈으로 행복을 사려는
사람들이 많이 있습니다. 그러나 돈으로 편리함을 살 수는 있
어도 '행복'을 살 수는 없습니다. 가난할 때는 관계가 좋고 마
음이 편했는데, 부자가 된 후로 다툼이 많아지고 불행해졌다
고 고백하는 사람들도 있습니다. 그래서 어떤 사람들은 "가진
것이 없어도 마음이 부자면 행복하다"라고 합니다. 재물이 많
은 부자든 마음이 부자든 '부자가 행복하다'는 점은 비슷합니
다. 그러나 예수님은 재물이 많은 부자도, 마음이 풍요로운 부

자도 아닌 "심령이 가난한 자가 행복하다"고 말씀하십니다.

본문말씀에서 '심령'은 마음, 영혼, 내면, 속사람을 뜻합니다. 그리고 '가난함'은 월급이나 재산이 상대적으로 적어서 느끼는 가난함이 아닌 아무것도 없는 상태, 즉 재산도, 직업도, 집도, 물건도 없는 노숙자의 가난함과 같은 상태를 의미합니다. 이를 토대로 심령의 가난함은 사람이 아닌 하나님 앞에서 느끼는 마음의 상태를 말합니다. 오늘 우리는 심령이 가난한 자에 대하여 함께 살펴보겠습니다.

첫째, 심령이 가난한 사람은 하나님을 절대적으로 필요로 하는 자입니다! 그는 하나님이 있으면 좋고 없어도 괜찮다고 하는 사람이 아닙니다. 여러 날을 굶어 죽을 지경에 있는 거지가 살기 위하여 음식을 찾듯 절박하게 하나님을 필요로 하는 사람입니다. 예수님은 바로 이러한 자가 행복하다고 하십니다.

둘째, 심령이 가난한 사람은 하나님을 의지하는 자입니다! 그는 자신의 연약함을 알기에 자기 자신이 아닌 하나님을 의지합니다. "하나님 없이는 한순간도 살 수 없다"는 심정으로 하나님을 붙들고 그분을 전적으로 믿으며 그분께 자신의 온 삶을 맡기는 사람입니다.

셋째, 심령이 가난한 사람은 하나님 앞에서 겸손한 자입니다! 그는 부요하신 하나님 앞에서 자신의 영적 파산을 인정합니다. 오직 하나님만이 내 영혼을 만족시키시며 내 갈급함을 채우시는 크신 분임을 겸손히 고백하며 <u>스스로</u>를 낮추는 겸손한 사람입니다.

넷째, 심령이 가난한 사람은 천국을 소유한 자입니다! 천국은 하늘나라 또는 하나님 나라를 뜻합니다. 그곳은 우리가 죽어서 가는 나라일 뿐 아니라 현재도 살아가는 나라입니다. 하나님 나라는 그분이 왕으로 다스리시는 모든 곳을 가리킵니다. 하나님이 우리의 마음, 가정, 교회, 사회를 다스리시면 그곳에 하나님 나라가 이루어집니다.

하나님을 찾고 의지하는 사람은 그분의 다스림 아래 살게 됩니다. 그는 장차 임할 천국을 소유할 뿐 아니라 현재도 하나님의 다스림을 받으며 천국의 행복을 누립니다. 천국은 기쁨, 평강, 의의 나라이며 이것들은 심령이 가난한 자가 누리는 하나님의 선물입니다. 장차 임할 천국을 소망하면서 이 땅에서 천국을 누리는 것, 그것이 바로 심령이 가난한 사람이 누리는 행복입니다.

ㅣ ㅣ ㅣ

적용나눔
· 노숙자가 되었다고 가정해 보세요. 너무 배가 고파 지나가는 사람에게 손을 내밀었는데 그가 뿌리치고 황급히 가버린다면 마음이 어떨까요? 이처럼 절박하고 겸손한 자세로 하나님을 구한 적 있나요?

· 죽을 때까지 먹고 살 만큼 재물이 많다면, 재물이 아닌 하나님만 의지하여 살아갈 수 있을까요? 지금 하나님을 의지하지 못하도록 막는 것은 무엇인가요?

· 하나님의 다스림 아래 살고 싶은데 잘 안 되는 이유는 무엇인가요? 우리가 이 땅에서도 천국을 누리려면 어떻게 해야 할까요?

감사나눔
다 함께 감사와 기도제목을 나누고 한 주간 기도해요!

_____

_____

_____

마침기도
왕이신 하나님, 저희가 스스로 잘할 수 있다고 생각하여 하나님을 찾지도, 의지하지도 않았음을 회개합니다. 저희가 겸손히 주님만을 의지할 수 있도록 인도해 주시고, 이 땅에서 천국의 기쁨과 평강, 그리고 의를 누리게 해 주세요. 그리스도만이 저희 가정의 참된 생명이시요, 부이시요, 행복이심을 고백하며 모든 영광과 찬양을 주께 돌립니다.

주기도문
가정예배를 마친 후, 서로 "사랑해요, 축복해요"라고 나눕니다.

애통하는 우리 가정은 행복합니다

찬양 ♪ 찬송가 286장 주 예수님 내 맘에 오사

시작기도 위로하시는 하나님, 독생자 예수 그리스도를 아끼지 않으시고 저희 죄를 위하여 십자가에 내어 주신 그 사랑에 감사합니다. 죄로 물든 저희 마음을 예수님의 보혈로 정결케 해 주시고, 저희 가정이 주님을 더욱 닮아가도록 인도해 주세요.

말씀배움 마태복음 5장 4절을 함께 읽습니다.
애통하는 자는 복이 있나니 그들이 위로를 받을 것임이요.

ㅣ   ㅣ   ㅣ

죄를 애통해 하는 사람은
하나님의 위로를 받기에 행복합니다

많은 사람들이 "우는 것은 불행이고 웃는 것은 행복이다"라고 말합니다. 그러나 예수님은 "애통하는 자가 행복하다"고 말씀하십니다. 여기서 예수님이 말씀하시는 '애통'은 사별의 슬픔이 아닌 '회개의 슬픔'을 가리킵니다. 즉, 영적 애통은 사랑하는 사람을 잃고 슬피 우는 것처럼 죄로 인하여 거룩함을 잃고 슬퍼하는 것을 뜻합니다. 오늘 우리는 애통함에 대하여 함께 살펴보겠습니다.

죄는 행복의 근원이신 하나님과 우리를 멀어지게 합니다. 세상은 하나님 없이도 마음껏 자유를 누리며 행복할 수 있다고 말하지만, 우리는 하나님과 멀어지는 것이 모든 불행의 원인임을 명심해야 합니다. 죄인을 구원하시기 위하여 이 땅에 오신 예수님은 죄로 신음하며 애통해 하는 자들을 긍휼히 여기시고 치유해 주셨습니다. 그리고 우리도 예수님처럼 그들의 고통을 함께 애통해 하길 원하십니다.

예수님이 말씀하시는 영적 애통은 하나님의 사랑을 깨닫게 되면서부터 시작됩니다. 마치 아버지의 품을 떠났던 탕자가 그 사랑을 깨닫고 집으로 돌아온 것처럼 말입니다(눅 15:11-24). 죄인은 그리스도의 십자가 죽음에서 확증된 하나님 아버지의 사랑을 만날 때에야 비로소 회개하고 그 사랑의 품으로 돌아올 수 있습니다.

하나님 나라의 백성은 죄인들이 주께로 돌아오도록 애통해 하며 기도합니다. 자신이 먼저 회개 가운데 하나님의 사랑을 경험했기에 이웃의 죄와 고통을 외면하지 않고 슬퍼하는 자들과 함께 슬퍼합니다.

이 세상은 죄를 사랑하고 고통을 외면합니다. 하지만 진정으로 죄에 대하여 마음을 찢으며 애통해 하는 사람은 하나님의 용서와 위로를 경험합니다. 이러한 행복을 경험한 사람만이 참된 회개를 합니다.

본문에 사용된 '애통하다'(헬라어:펜쎄오)라는 동사는 지속적인 행동을 뜻하는 현재형 동사입니다. 마음이 죄로 인해 굳어버린 사람은 회개의 은혜를 거부하나 영적으로 성숙한 사람은 매순간 작은 죄에도 슬퍼하고, 죄로 인해 예수님과 멀어지는 것을 가장 사랑하는 자를 잃은 것처럼 애통해 합니다. 매순간 자신 안에 있는 죄성을 마주하며 오직 예수님만 의지합니다.

진정한 회개의 애통은 우리의 특권이며 의무입니다. 애통하는 사람에게 하나님의 위로는 치유, 기쁨, 자유, 평안, 행복입니다. 사도 요한은 그 위로를 다음과 같이 묘사합니다: "하나님은 친히 그들과 함께 계셔서 모든 눈물을 그 눈에서 닦아 주시니 다시는 사망이 없고 애통하는 것이나 곡하는 것이나 아픈 것이 다시 있지 아니하리니"(계 21:3-4).

진정으로 애통하는 자는 하나님의 위로, 곧 천국의 행복을 이 땅에서 뿐 아니라 천국에서도 영원히 누리게 될 것입니다.

| | | |

적용나눔
- 내가 지은 죄나 이웃의 고통을 마치 가장 사랑하는 사람을 잃은 것처럼 슬퍼한 적 있나요?
- 애통하지 못하도록 막는 것이 있다면 무엇인가요? 회개를 통해 용서의 기쁨, 천국의 위로를 경험한 적 있나요?
- 거센 폭풍이 지나가고 맑게 갠 아침 하늘을 떠올려 보세요. 이처럼 죄와 고통으로 폭풍 같은 눈물을 흘린 후, 하나님의 위로를 경험한 적 있나요?

감사나눔
다 함께 감사와 기도제목을 나누고 한 주간 기도해요!

_____

_____

_____

마침기도
위로하시는 하나님, 저희가 죄를 가볍게 여기고 하나님의 사랑을 잊고 살아온 것을 용서해 주세요. 세상의 달콤함에 빠져 애통해 하지 못한 것을 용서해 주세요. 이 시간 저희 가정에 참된 회개를 허락하셔서 주님이 주시는 위로와 행복을 누리고 애통해 하는 자들과 함께 하게 해 주세요.

주기도문
가정예배를 마친 후, 서로 "사랑해요, 축복해요"라고 나눕니다.

온유한 우리 가정은 행복합니다

3주

찬양 ♪   찬송가 187장 비둘기같이 온유한

시작기도   온유하신 하나님, 저희 가정의 영원한 하늘 아버지가 되어 주
셔서 감사합니다. 지금 이 시간 저희 마음과 삶의 분주함을 뒤
로하고 오직 주님께만 집중할 수 있도록 도와주세요. 저희 영
혼이 은혜의 이슬에 젖게 해 주세요.

말씀배움   마태복음 5장 5절을 함께 읽습니다.
온유한 자는 복이 있나니 그들이 땅을 기업으로 받을 것임이요.

｜ ｜ ｜

그리스도는 온유하신 분이기에
우리도 성령 안에서 온유해야 합니다

많은 사람들이 '성공'을 행복의 조건으로 삼고 이를 얻기 위
하여 달려갑니다. 그러나 더 많은 소유, 자유, 권리를 얻고도
행복해 하지 못합니다. 그렇다면 진정한 행복이란 무엇일까
요? 행복은 우리 힘으로 차지하는 것이 아니라 성령의 열매
인 온유함의 결실입니다. 예수님은 평화로운 관계로 이끄는
온유함이 바로 '행복'이라고 말씀하십니다. 오늘 우리는 온유
함을 다음 세 가지 관계를 통하여 함께 살펴보겠습니다.

첫째, 온유한 자는 '자기 자신과의 관계'에서 절제합니다! 자기 절제는 야생마처럼 마구 날뛰는 자신의 내면의 힘을 길들여 통제하는 것입니다. 온유함은 우리의 공격적이고 포악한 성질이 성령의 다스림 아래 있을 때에 맺어지는 열매입니다.

성령의 통제 아래 있는 온유한 사람은 자신을 비하하거나 높이는 것을 거부합니다. 자신이 하나님의 형상으로 지음 받은 존귀한 존재임을 겸손히 받아들이고 마음의 평정을 지키며 언제나 평안을 누립니다.

둘째, 온유한 자는 '이웃과의 관계'에서 온화합니다! 성경에서 온유함을 대표하는 인물은 모세입니다(민 12:3). 한때 그는 히브리 노예를 핍박하는 애굽 사람을 돌로 쳐 죽일 만큼 불 같은 성격의 소유자였습니다. 하지만 광야 40년의 훈련을 통하여 하나님 앞에서 낮아지고 스스로를 통제할 수 있게 되었습니다. 그러했기에 모세는 광야에서 지속적으로 불평하는 백성들을 온유함으로 가르치고 인도할 수 있었습니다.

모세는 그의 형 아론과 누나 미리암이 하나님이 부여하신 자신의 권위에 도전할 때도 분노하지 않고 하나님께 겸손히 나아가 모든 문제를 맡겼습니다. 그때 하나님은 모세를 가장 온유한 종이라 높이시며 문제를 해결해 주셨습니다. 이처럼 비방이나 분노로 얼룩진 인간관계를 온화함으로 대응하면 하나님이 맡아 주십니다.

셋째, 온유한 자는 '하나님과의 관계'에서 순종합니다! 이는 하나님의 법, 곧 그분의 뜻에 자신의 뜻을 맞추는 것입니다. 하나님의 뜻에 불순종하면서 그분과 바른 관계를 맺고 행복하기란 불가능합니다. 참된 행복은 하나님의 뜻에 순종하는 거룩함에서부터 옵니다. 예수님은 하나님의 뜻을 완전하게 행하셨기에 온전히 행복한 분이셨습니다.

예수님은 온유한 자가 땅을 기업으로 받을 것이라고 말씀하십니다. 즉, 온유한 자는 하나님 아버지의 상속자가 된다는 의미입니다. '땅'은 하나님의 약속을 이루는 곳입니다. 그래서 온유한 사람은 이 땅에서 하나님의 약속이 성취되는 것을 경험하고 장차 그분의 영원한 나라를 상속받을 것입니다. 뿐만 아니라 온유한 사람은 아무것도 없는 자 같으나 동시에 모든 것을 소유한 자입니다(고후 6:10).

온유함의 본이 되어 주신 예수님은 이렇게 말씀하십니다: "나는 마음이 온유하고 겸손하니 나의 멍에를 메고 내게 배우라 그리하면 너희 마음이 쉼을 얻으리니"(마 11:29). 온유한 사람은 주님의 안식을 누리는 자입니다. 자기 자신과 이웃, 그리고 하나님과의 관계가 화평한 자는 반드시 행복합니다.

ㅣ ㅣ ㅣ

적용나눔 · 스스로를 온유하게 대하나요, 아니면 자기 비하, 학
대, 높임, 자만으로 대하나요? 바로잡아야 할 자신에
대한 그릇된 생각이나 태도가 있다면 무엇인가요?

· 나를 적대시하는 이웃을 어떻게 대하나요? 지금 관계
의 어려움을 겪고 있는 이웃이 있다면 어떻게 관계를
회복할 수 있을지 생각해 보세요.

· 온유함을 나타냄으로써 경험했던 관계의 복이 있다
면 나누어 보세요.

감사나눔 다 함께 감사와 기도제목을 나누고 한 주간 기도해요!

_____

_____

_____

마침기도 온유하신 하나님, 허물 많은 저희를 온유함으로 품어 주셔서
감사합니다. 저희가 주님의 사랑을 잊고 사람들을 온유하게 대
하지 못한 모든 것을 용서해 주세요. 힘으로 관계를 좌지우지
하려 했던 모든 언행을 용서해 주세요. 이제는 성령님의 도우
심으로 온유하신 예수님을 더욱 닮아가고, 온유함에서 오는 참
된 행복을 누리게 해 주세요.

주기도문 가정예배를 마친 후, 서로 "사랑해요, 축복해요"라고 나눕니다.

의에 주리고 목마른 우리 가정은 행복합니다

찬양 ♪   찬송가 368장 주 예수여 은혜를

시작기도 🖐   의로우신 하나님, 오늘도 저희 가정을 인도해 주시고 지켜 주셔서 감사합니다. 이 시간 주리고 목마른 저희 영혼에 생수와 같은 주의 은혜와 사랑을 부어 주세요. 주님이 저희와 함께 계심을 더욱 알게 해 주세요.

말씀배움 📄   마태복음 5장 6절을 함께 읽습니다.
의에 주리고 목마른 자는 복이 있나니 그들이 배부를 것임이요.

ㅣ　ㅣ　ㅣ

하나님과의 바른 관계를 갈망하는 자들은
참된 만족을 얻습니다

우리 몸이 음식을 먹고 마셔야 살듯 우리 영혼은 '의'를 먹고 마셔야 삽니다. 안타깝게도 많은 사람들이 '죄'로 영혼의 갈증과 배고픔을 해결하려 합니다. 그러나 죄는 먹으면 먹을수록 죽음에 이르는 갈증만 더할 뿐입니다. 반면, 의는 먹으면 먹을수록 행복해집니다. 오직 의에 대한 갈망만이 참된 만족에 이르는 길입니다. 오늘 우리는 참 행복에 이르는 영적 사모함에 대하여 함께 살펴보겠습니다.

첫째, 영적 사모함은 '의'에 대한 갈망이어야 합니다! '의'는 하나님의 법을 마음과 행동으로 완전하게 지키는 것입니다. 그리고 '의에 대한 갈망'은 하나님 앞에서 바르게 살고자 하는 열망 즉, 하나님과의 바른 관계를 갈망하는 것입니다.

아담과 하와가 선악과를 먹음으로써 우리는 의와 거룩, 그리고 하나님과의 교제를 잃어버리고 말았습니다. 그러나 세상 사람들은 자신들이 무엇을 상실한지도 모른 채, 세상의 온갖 것으로 마음의 공허함을 채우려고 애씁니다. 우리는 참된 행복이란 하나님과의 바른 관계인 '의'에서부터 나옴을 기억해야 합니다. 의를 갈망하는 사람들만이 용서의 행복과 의의 평강을 알 수 있습니다.

둘째, 영적 사모함은 성도됨의 참된 표지입니다! 살아 있는 사람만이 배고픔과 갈증을 느낄 수 있듯 참된 성도만이 의에 대한 영적 배고픔과 갈증을 느낄 수 있습니다. 그들은 그리스도와 그분의 의, 하나님과의 교제, 말씀, 기도, 예배, 교회 등에 대한 배고픔과 갈증을 느낍니다.

믿음으로 그리스도의 완전한 의를 선물로 받은 참된 성도들은 사회적 약자들에게 정의가 이뤄지도록 힘씁니다. 다시는 주리거나 목마르지 않을 영원한 나라를 소망하며 살아갑니다. 하나님에 대한 갈급함이 매우 강렬하여 다음의 시편 기자처럼 고백합니다: "하나님이여 사슴이 시냇물을 찾기에 갈급함 같이 내 영혼이 주를 찾기에 갈급하니이다"(시 42:1).

셋째, 영적 사모함은 오직 하나님만이 채워 주십니다! 영적 갈증은 장난감, 신제품, 종교, 정치인, 연예인, 드라마, 영화, 스포츠, 돈, 지식, 명예, 쾌락 등으로 결코 해결될 수 없습니다. 본문말씀에서 '배부를'에 해당하는 헬라어 동사 '코르타조'는 가축이 구유에 있는 먹이를 더 이상 먹을 수 없을 때까지 만족스럽게 먹는 것을 뜻합니다.

예수님은 우리의 영혼을 만족케 하시는 영원한 샘물(요 4:14), 생명의 떡(요 6:35)이십니다. 어린양의 혼인잔치를 베푸셔서 우리로 영원히 배고프지 않고 목마르지 않도록 채워 주십니다. 예수님을 향한 이 소망은 우리로 하여금 매일 하나님과 바른 관계 속에 살아가도록 이끌며 이것이 바로 의로 배부른 자가 누리는 행복입니다.

ㅣ　ㅣ　ㅣ

적용나눔 · 지금 가장 원하는 것은 무엇인가요? 여러분의 삶을
이끌어가는 영적 갈증은 무엇인가요?

· '죄에 대한 욕망'과 '의에 대한 갈망'은 어떻게 다른가
요? 그리고 그 결과는 각각 어떻게 다른가요?

· 하나님을 절박하게 찾아본 적 있나요? 그때 하나님이
어떻게 갈급함을 채워 주셨는지 나누어 보세요.

감사나눔 다 함께 감사와 기도제목을 나누고 한 주간 기도해요!

_____

_____

_____

마침기도 의로우신 하나님, 오직 주님만이 저희 가정의 만족과 행복이
되어 주십니다. 저희가 세상 것으로 영혼의 갈증을 해결하려
했던 어리석음을 용서해 주시고, 이제는 하나님과의 바른 관계
속에 살아갈 수 있도록 도와주세요. 주님의 임재로 저희 영혼
의 갈망을 가득 채워 주세요.

주기도문 가정예배를 마친 후, 서로 "사랑해요, 축복해요"라고 나눕니다.

긍휼히 여기는 우리 가정은 행복합니다

찬양 ♪ 찬송가 96장 예수님은 누구신가

시작기도 긍휼하신 하나님, 그리스도 안에서 저희 가정을 항상 기억해
주셔서 감사합니다. 저희가 예배 가운데 주님의 살아 계심을
뜨겁게 경험하게 해 주시고, 주님만을 영화롭게 하는 삶을 살
아가도록 이끌어 주세요. 저희 가족 모두에게 크신 은혜와 긍
휼을 베풀어 주세요.

말씀배움 마태복음 5장 7절을 함께 읽습니다.
긍휼히 여기는 자는 복이 있나니 그들이 긍휼히 여김을 받을 것
임이요.

ㅣ ㅣ ㅣ

하나님께서 우리를 긍휼히 여기시기에
우리도 이웃을 긍휼히 여겨야 합니다

도살장으로 끌려가는 어미 소는 죽음을 직감하고 아기 소에게
끝까지 젖을 먹입니다. 이러한 모습은 나 혼자 살려고 발버둥
치는 이 시대에 귀감이 됩니다. 이웃의 고통에 눈을 감고 그 신
음에 귀를 막는 사람은 결코 행복할 수 없습니다. 그러나 이웃
을 긍휼히 여기는 사람은 행복합니다. 오늘 우리는 참 행복을
주는 긍휼에 대하여 함께 살펴보겠습니다.

첫째, 긍휼은 공감하며 돕는 손을 뜻합니다! 헬라어 '오이크티르모스'는 이웃의 비참함을 공감하는 것을 뜻하고, '스프라그크니조마이'는 마음 깊은 곳에서 일어나는 연민, 불쌍히 여김을 뜻합니다. 이에 대한 구약의 동의어 '라훔'은 여인의 가장 깊은 곳, 곧 자궁에서 우러나오는 깊은 긍휼을 가리킵니다.

본문에서 '긍휼히 여기다'에 해당하는 '엘레에오'(동사) 또는 '엘레에몬'(형용사)은 이러한 모든 뜻을 포함합니다. 뿐만 아니라 비참함과 고통을 덜기 위하여 취하는 행동까지 모두 포함합니다. 바로의 딸이 나일 강에서 아기 모세가 우는 것을 보고 불쌍히 여겨 그를 양자로 삼아 양육한 것이 바로 긍휼입니다.

둘째, 우리의 긍휼은 하나님의 긍휼에서 나온 것입니다! 예수님의 삶과 죽음은 고통 받는 죄인들을 향한 하나님의 긍휼이었습니다. 이 땅에 오신 예수님은 병든 자들을 치유하셨고 굶주린 자들을 먹이셨으며 무지한 자들을 가르치셨고 사회적으로 소외된 자들의 친구가 되어 주셨습니다. 그리고 십자가에서 우리의 모든 죄악, 눈물, 아픔, 고통을 짊어지셨습니다. 이러한 하나님의 긍휼을 경험한 우리는 고통 받는 이웃을 긍휼히 여기지 않을 수 없습니다.

셋째, 우리의 긍휼은 고통당하는 자들의 필요를 채움으로써 증명됩니다! 누군가의 정서적, 물질적, 관계적, 혹은 영적인 필요를 채우기 위하여 취하는 마음, 기도, 행동 모두가 '긍휼'입니다. 반면, 사랑한다고 말하면서 그 필요를 채우지 않는 것은

'거짓 긍휼'입니다. 진정 긍휼히 여기는 사람은 마음에 상처받은 자, 물질이 없어 고통 받는 자, 예수님을 믿지 않아 방황하는 자들을 불쌍히 여기고 그들의 고통을 자기 고통으로 느끼며 함께 합니다.

넷째, 우리의 긍휼은 하나님의 긍휼을 더욱 경험하게 합니다! 우리가 이 사실을 망각하면 이웃을 쉽게 정죄할 수 있습니다. 정죄하는 마음은 긍휼히 여기는 마음과 정반대입니다. 우리는 하나님을 의존하여 살아갈 수밖에 없는 연약한 죄인임을 늘 기억해야 합니다. 그러면 고통 받는 자들, 가난한 자들, 사회에서 소외된 자들을 쉽게 정죄하지 않고, 우리 모두가 하나님의 긍휼을 필요로 하는 존재임을 인정하게 될 것입니다. 그리고 그때 긍휼의 마음으로 이웃에게 도움의 손을 내밀고, 이로써 하나님의 크신 긍휼을 더욱 경험하게 될 것입니다.

우리는 마지막 날에 베풀어 주실 예수 그리스도의 무한하신 긍휼을 기다리고 있습니다(유 1:21). 그 크신 긍휼은 우리로 심판을 이기게 하고 그분을 영원히 즐거워하게 할 것입니다(약 2:13). 이것이 바로 긍휼히 여기는 자들이 누리는 행복입니다.

ㅣ ㅣ ㅣ

적용나눔 · 십자가에서 나타난 예수님의 긍휼을 경험했나요? 그
렇다면 그 경험이 내가 이웃을 긍휼히 여기는데 어떤
역할을 했는지 나누어 보세요.
· 어떻게 하면 어려운 이웃의 아픔과 고통을 덜어줄 수
있을지 나누고 실천해 보세요.
· 가족 간에 서로 정죄하지 않고 긍휼히 여길 수 있도
록 내가 할 수 있는 일은 무엇인지 나누어 보세요.

감사나눔 다 함께 감사와 기도제목을 나누고 한 주간 기도해요!

_____

_____

_____

마침기도 긍휼하신 하나님, 저희가 하나님의 크신 긍휼 안에 살면서도
자기 연민에 빠져 이웃의 고통을 외면하며 살아왔음을 회개합
니다. 이제는 저희가 긍휼을 실천함으로써 정죄하는 말을 멈추
고 이웃을 돕고 섬기겠습니다. 저희 가정이 예수님의 긍휼을
늘 기억하며 겸손히 살아가도록 도와주세요.

주기도문 가정예배를 마친 후, 서로 "사랑해요, 축복해요"라고 나눕니다.

마음이 청결한 우리 가정은 행복합니다

찬양 ♪ 찬송가 424장 아버지여 나의 맘을

시작기도 🖐 거룩하신 하나님, 저희가 함께 모여 가정예배를 드릴 수 있게 해 주셔서 감사합니다. 이 시간 저희가 모든 분주한 마음을 내려놓고 오직 주님께만 집중할 수 있도록 도와주세요. 주님의 음성을 듣고 즐거워하게 해 주세요.

말씀배움 📄 마태복음 5장 8절을 함께 읽습니다.
마음이 청결한 자는 복이 있나니 그들이 하나님을 볼 것임이요.

। । ।

마음의 청결은 하나님을 보는 영적 시각의 복을 줍니다

요즘 사람들은 예전보다 더 잘 먹고 더 청결함에도 불구하고 더 행복하지는 않습니다. 우울증을 앓고 자살하는 사람들도 매년 증가합니다. 이는 내 마음의 건강을 돌보지 않기 때문입니다. 본문말씀에서 예수님은 마음의 건강이 곧 마음의 청결이요 마음의 청결이 곧 행복이라고 말씀하십니다. 마음의 청결이 하나님을 보는 영적 시각의 복을 준다고 말씀하십니다. 오늘 우리는 청결한 마음에 대하여 함께 살펴보겠습니다.

첫째, 마음의 상태가 행복을 결정합니다! 마음은 정신적, 심리적, 영적 활동이 일어나는 곳으로 우리 마음의 상태가 인격을 결정하고 인격은 행복과 직결됩니다. 사람들은 외모는 잘 가꾸면서 정작 중요한 마음은 가꾸지 않습니다. 그래서 마음에 온갖 죄악의 잡초가 무성합니다(마 15:19-20).

문제는 내 마음이 마음대로 잘되지 않는다는 것입니다. 우리에게는 마음의 공허함, 심심함, 외로움, 우울함 등을 근본적으로 해결할 능력이 없습니다. 많은 사람들이 새 물건, 엔터테인먼트, 술, 도박 등으로 마음의 흥분을 유지하며 삶의 적적함을 잊어보려 애쓰지만, 결코 행복을 누리지는 못합니다. 우리 마음은 성령과 말씀으로 충만할 때에야 비로소 믿음, 소망, 사랑의 인격이 빚어집니다. 그리고 우리 마음이 주님의 보좌가 될 때에야 비로소 삶에 질서와 조화가 생기고 행복해집니다.

둘째, 청결한 마음이 행복합니다! 청결한 마음은 타고난 기질이 아니라 거듭난 성품입니다. '청결한'에 해당하는 헬라어 '카싸로스'는 옷에서 더러운 얼룩을 씻어낸 상태, 광물에서 이물질을 녹여낸 상태, 혹은 곡물에서 껍질을 벗겨 낸 상태를 묘사할 때에 사용되는 말입니다. 즉, 마음의 청결은 진실한 마음, 위선 없는 마음, 나뉘지 않은 마음을 뜻합니다.

마음의 청결함을 유지하려면, 먼저 자기 마음이 깨끗하지 못함을 인정하고 이에 대하여 애통해 하며 회개해야 합니다. 예수 그리스도의 피로 마음의 죄를 씻어 달라고 기도해야 합니다. 예수님을 마음의 보좌로 초청하고 그분의 말씀을 따라 거룩한 삶을 살도록 힘써야 합니다. 나뉘지 않는 한마음으로 하나님을 소원하는 마음이 청결한 마음, 곧 행복한 마음입니다.

셋째, 청결한 마음은 하나님의 임재의 복을 누립니다! 마음이 청결한 사람은 믿음으로 하나님을 봅니다. 성경말씀을 묵상하면서 하나님을 봅니다. 아름다운 자연 속에서 하나님의 솜씨와 지혜를 보고, 인간의 역사를 통하여 하나님의 섭리를 봅니다. 고난 중에서도 하나님의 함께 하심을 봅니다. '하나님을 본다'는 것은 곧 그분의 임재를 경험하는 것입니다.

지금은 희미하나 장차 천국에서 우리는 그분의 참모습 그대로 보게 될 것입니다(요일 3:2-3). 마음이 청결한 사람은 이 소망을 가지고 매일 자신을 정결하게 지키며 살아갑니다. 그토록 사랑하고 갈망하는 하나님을 본다는 것은 형용할 수 없는 기쁨과 영광이 될 것입니다. 이러한 행복이 바로 마음이 청결한 자의 몫입니다.

ㅣ   ㅣ   ㅣ

적용나눔 · 매일 내 마음을 점검하면서 살아가고 있나요? 만일
 지금 행복하지 않다면, 마음의 상태가 어떠하기에 그
렇게 여기나요?

· 마음을 청결하게 하기 위하여 어떤 노력을 하고 있나
요? 내가 보는 것과 듣는 것이 마음에 어떤 영향을 미
친다고 생각하나요?

· 오랫동안 보고 싶었던 사람을 드디어 만났을 때, 마
음이 어떨까요? 천국에서 주님을 뵐 때에 제일 먼저
고백하고 싶은 것은 무엇인가요?

감사나눔 다 함께 감사와 기도제목을 나누고 한 주간 기도해요!

_____

_____

_____

마침기도 거룩하신 하나님, 세상의 죄악된 것을 무분별하게 보고 들음으
로써 주님을 바라보지 못할 때가 참 많았음을 고백합니다. 저
희 죄를 용서해 주시고 저희 마음을 정결하게 해 주세요. 저희
마음의 보좌에 앉으사 저희를 다스려 주세요. 저희 마음이 늘
주님의 아름다우심을 바라보며 천국을 누리게 해 주세요.

주기도문 가정예배를 마친 후, 서로 "사랑해요, 축복해요"라고 나눕니다.

화평하게 하는 우리 가정은 행복합니다

7주

찬양 ♪   찬송가 427장 맘 가난한 사람

시작기도   화평하게 하시는 하나님, 저희에게 영생을 주신 주님을 소리
높여 찬양합니다. 이곳에 오셔서 저희의 모든 찬양과 예배를
받아 주세요. 참된 깨달음과 하늘의 기쁨으로 저희 마음을 가
득 채워 주세요.

말씀배움   마태복음 5장 9절을 함께 읽습니다.
화평하게 하는 자는 복이 있나니 그들이 하나님의 아들이라 일
컬음을 받을 것임이요.

I I I

화평하게 하는 자에게는
하나님의 자녀가 누리는 행복이 있습니다

세상은 겉으로는 평화를 외치나 마음으로는 힘을 숭배합니다.
크고 작은 모든 갈등의 배후에 이기적인 힘겨루기가 있습니
다. 예수님은 이러한 현실에서 갈등하는 우리에게 "화평하게
하는 자에게는 하나님의 자녀가 누리는 행복이 있다"라고 분
명히 말씀하십니다. 오늘 우리는 화평하게 하는 자의 특징에
대하여 함께 살펴보겠습니다.

첫째, 화평하게 하는 자는 하나님과 화목한 자입니다! 화평하게 하는 사람은 그런 기질을 타고난 자가 아닙니다. 그는 구원받은 자로서 성령님에 의하여 화평하게 하는 열매를 맺는 자입니다. 예수님은 십자가 죽음을 통하여 우리를 하나님과 화목하게 하셨을 뿐 아니라 우리에게 화목하게 하는 직분을 맡기셨습니다(고후 5:18). 우리가 하나님과 화목하게 되는 은혜를 경험하면, 나 자신뿐 아니라 이웃과도 화목할 수 있습니다. 그 마음에 관계의 평화가 있기 때문입니다.

둘째, 화평하게 하는 자는 새 사람의 관점에서 행합니다! 하나님과 화목한 사람은, 옛 사람은 죽고 새 사람이 된 자입니다. 새 사람은 새로운 관점, 곧 예수님의 관점을 가진 자로서 새로운 가치관과 세계관을 따라 화평하게 하는 삶을 삽니다. 자기를 부인하고 이웃을 사랑하며 하나님께 영광을 돌리는 새로운 관점으로 행합니다. 화평하게 하는 자는 참된 평화를 위하여 이웃이 아닌, 먼저 자기 자신을 정복하는 자이며 그는 예수님과 친밀하고 이 땅에서 천국을 누립니다.

셋째, 화평하게 하는 자는 그리스도의 사랑으로 모든 사람과 화목하기 위하여 힘씁니다! 히브리서 12장 14절은 이렇게 말합니다: "모든 사람과 더불어 화평함과 거룩함을 따르라 이것이 없이는 아무도 주를 보지 못하리라." 우리는 내가 좋아하는 사람뿐 아니라 모든 사람과 더불어 화평해야 합니다. 화평함과 거룩함은 함께 합니다. 이웃과 화평하지 않다면 거룩함도 있을 수 없습니다.

어느 누구도 화평함 없이는 하나님을 온전히 경험할 수 없습니다. 이삭은 이웃과 우물 문제로 어려움을 겪을 때, 자기 권리를 포기하고 다른 곳으로 옮겨 우물을 팠습니다. 그때 하나님은 이삭에게 나타나셔서 아브라함에게 약속하신 복을 다시 확증해 주셨습니다(창 26:22-25). 이와 같이 화평하게 하는 사람은 인내하며 자기희생을 감내하는 자입니다.

넷째, 화평하게 하는 자는 하나님의 자녀라 칭함을 받습니다!
자녀의 신분은 아버지의 신분에 따라 결정됩니다. 그러하기에 '하나님의 아들'이라 칭함을 받는 것은 엄청난 특권과 책임, 그리고 축복입니다. 우리의 하늘 아버지는 능력과 사랑, 그리고 지혜가 무궁하신 분이기 때문입니다.

하나님은 무질서의 하나님이 아니시요 화평의 하나님이십니다(고전 14:33). 화평하게 하는 사람은 나뉘어진 세상에 평화의 다리를 놓는 하나님의 자녀입니다. 이 세상에서 하나님의 자녀가 되는 것보다 더 큰 행복은 없습니다.

ㅣ ㅣ ㅣ

적용나눔 · 그리스도의 십자가 대속으로 하나님과 화목하게 되었나요? 지금 그리스도 안에서 하나님과 화목하나요?

· 이웃을 이겨야 할 경쟁자로 여기나요, 아니면 함께 어우러져 살아갈 동반자로 여기나요? 반목이 있는 곳에 화목을 주기 위하여 노력한 적 있다면 나누어 보세요.

· 가족 간에 갈등이 생길 때, 어떻게 하면 화목하게 할 수 있을지 나누어 보세요.

감사나눔 다 함께 감사와 기도제목을 나누고 한 주간 기도해요!

_____

_____

_____

마침기도 오늘은 성 프란시스의 기도를 따라하겠습니다: "주여, 나를 주님의 평화의 도구로 써 주소서. 미움이 있는 곳에 사랑을, 상처가 있는 곳에 용서를, 의심이 있는 곳에 신뢰를, 절망이 있는 곳에 소망을, 어둠이 있는 곳에 빛을, 슬픔이 있는 곳에 기쁨을 심게 하소서. 오 주여, 위로받기보단 위로하고 이해받기보단 이해하며 사랑받기보단 사랑하게 하소서. 이는 줌으로써 받으며 용서함으로써 용서받으며 죽음으로써 영생을 얻기 때문입니다."

주기도문 가정예배를 마친 후, 서로 "사랑해요, 축복해요"라고 나눕니다.

8주 주를 위해 박해받는 우리 가정은 행복합니다

찬양 ♪ 찬송가 336장 환난과 핍박 중에도

시작기도 상 주시는 하나님, 저희 생명과 기쁨 되시는 주님께 감사드리며 주의 이름을 송축합니다. 오늘도 저희가 드리는 가정예배를 주님의 특별한 임재로 축복해 주세요. 어떤 일이 있어도 저희가 예배하는 것을 우선순위로 삼게 해 주세요.

말씀배움 마태복음 5장 10-12절을 함께 읽습니다.
[10]의를 위하여 박해를 받은 자는 복이 있나니 천국이 그들의 것임이라 [11]나로 말미암아 너희를 욕하고 박해하고 거짓으로 너희를 거슬러 모든 악한 말을 할 때에는 너희에게 복이 있나니 [12]기뻐하고 즐거워하라 하늘에서 너희의 상이 큼이라 너희 전에 있던 선지자들도 이같이 박해하였느니라.

ㅣ   ㅣ   ㅣ

그리스도를 위하여 박해를 받는 자는
천국에서 영광의 훈장을 받습니다

그리스도와 함께 고난 받는 것을 부정하고 축복만을 추구하는 신앙은 거짓입니다. 예수님은 의와 그리스도를 위하여 박해를 받는 자가 천국에서 큰 상을 받을 것이라고 말씀하십니다. 오늘 우리는 주를 위하여 받는 박해에 대하여 함께 살펴보겠습니다.

첫째, 박해는 믿는 자에게 따라옵니다! 이 세상에서 경건한 삶을 살고자 하면 박해를 받을 수밖에 없습니다. 바울은 이렇게 말합니다: "무릇 그리스도 예수 안에서 경건하게 살고자 하는 자는 박해를 받으리라"(딤후 3:12). 성도가 세상에서 박해를 받는다는 것은 서로 다른 가치 체계가 충돌하고 있다는 증거입니다. 우리는 세상과 닮아감을 거부하고 언제나 '분리'를 선택해야 합니다(고후 6:14-16).

주님의 뜻은 우리가 어떠한 박해에도 굴복하지 않고 세상의 권력주의, 물질주의, 개인주의, 세속주의의 가치관을 거부하는 것입니다. 그 뜻대로 세상과 하나 되기를 거부하면 박해는 필연적입니다.

둘째, 박해는 참된 성도 됨의 증표입니다! 믿는 자에게는 박해가 저주가 아닌 참된 성도라는 증표이기에 박해받을 때에 우리는 구원을 더욱 확신할 수 있습니다.

예수님도 죄인인 우리를 위하여 온갖 모욕과 십자가 고통을 당하셨습니다. 구약의 선지자들과 신약의 사도들도 박해를 받았습니다. 우리는 박해받을 때에 예수님과 선지자들, 그리고 사도들을 본받아 믿음을 굳게 해야 합니다. 참된 믿음은 예수로 인하여 상처 받고 욕을 먹어도 참고 인내하는 것입니다.

셋째, 박해는 천국의 기쁨으로 대응해야 합니다! 기독교 역사는 예수로 인하여 비방을 받고 재산을 빼앗기고 목숨을 잃은 사람들이 얼마나 많은지 보여 줍니다. 박해받을 때에 우리는 천국의 기쁨으로 대응해야 합니다. 예수님이 "기뻐하고 즐거워하라"고 말씀하신 것은 기뻐 춤추는 진정한 기쁨을 뜻합니다. 박해받을 때에 불평하고 저주하는 사람은 망하나 천국의 기쁨으로 대응하는 사람은 그 영혼이 소생하고 믿음이 강해지며 소망이 넘쳐날 것입니다.

박해에 대한 모든 염려와 공포를 이기게 하는 것은 '기쁨'입니다. 참으로 주님을 기뻐함이 박해를 대응하는 길입니다. 그러나 박해 자체가 복은 아니기에 복을 받으려고 박해를 자초하는 것은 옳지 않습니다.

넷째, 박해는 하늘에서 상을 받게 합니다! 이 땅에서 주를 위하여 박해받는 사람은 천국에서 가난함 대신 부요함을, 배고픔 대신 만족함을, 모욕 대신 칭찬을, 패배 대신 승리를 누리게 됩니다. 본문말씀을 보면 "복이 있나니"가 반복되어 나오는데, 이는 박해받는 자들이 갑절의 복을 받을 것을 뜻합니다.

천국에 대한 확신과 하나님의 상 주심에 대한 기대는 우리에게 박해를 이길 수 있는 기쁨과 소망을 줍니다. 하나님의 상급은 은혜이고 이를 기대한다는 것은 그분의 약속을 믿는 것입니다. 그러므로 상 주심을 소망하며 박해를 기쁨으로 대응하는 사람은 복이 있습니다.

ㅣ ㅣ ㅣ

적용나눔 · 예수님으로 인해 욕먹고 비방을 받아 본 적 있나요? 경건하게 살고자 하는 성도들에게 박해가 있다는 말씀을 어떻게 생각하나요?

· 내가 참된 성도인 것을 어떻게 알 수 있을까요? 예수님을 위하여 박해받을 때, 내가 하나님의 자녀인 것을 어떻게 확신할 수 있나요?

· 왜 우리는 박해 중에도 기뻐할 수 있을까요? 그런 경험을 한 적 있다면 나누어 주세요.

감사나눔 다 함께 감사와 기도제목을 나누고 한 주간 기도해요!

_____

_____

_____

마침기도 상 주시는 하나님, 저희가 고통 없고 편안한 삶만을 구하며 살아온 것은 아닌지 돌아보며 회개합니다. 이제는 저희 가정이 핍박 가운데서도 예수님을 부인하지 않고 천국을 소망하며 기쁨으로 대응할 수 있도록 도와주세요. 세상의 가치관을 거부하고 참된 믿음으로 살아가도록 인도해 주세요.

주기도문 가정예배를 마친 후, 서로 "사랑해요, 축복해요"라고 나눕니다.

세상의 소금되는 가정되길 원합니다

찬양 ♪ 찬송가 459장 누가 주를 따라

시작기도 존귀하신 하나님, 오늘도 저희 가정을 거룩한 예배의 자리로
인도해 주셔서 감사합니다. 저희 가정이 늘 하늘 아버지의 변
치 않는 사랑 안에 거하게 해 주세요. 이 시간 저희 예배를 기
쁘게 받아 주시고 천국의 기쁨을 누리게 해 주세요.

말씀배움 마태복음 5장 13절을 함께 읽습니다.
너희는 세상의 소금이니 소금이 만일 그 맛을 잃으면 무엇으로
짜게 하리요 후에는 아무 쓸데없어 다만 밖에 버려져 사람에게
밟힐 뿐이니라.

ㅣ   ㅣ   ㅣ

참된 제자는 세상에서 맛을 내는 소금이기에
우리는 주님의 제자로 세상 가운데서 행해야 합니다

"허, 그 사람 싱겁기는", "저 사람은 독해요", "작은 고추가 매
워요", "정말 짠 구두쇠야", "정말 스위트한 사람이야." 이것
은 모두 사람의 성격이나 인격을 '맛'에 빗대어 표현한 문장입
니다. 예수님도 제자들을 맛을 내는 '소금'에 비유하셨습니다.
그런데 안타깝게도 많은 크리스천들이 돈, 명예, 권력, 인기의
맛에 빠져 소금의 맛을 상실해버리고 말았습니다. 오늘 우리

는 소금과 같은 참된 제자란 어떠한 사람인지 함께 살펴보겠습니다.

첫째, 참된 제자는 세상에 꼭 필요한 존재입니다! 소금이 식생활과 음식에 필수이듯 예수님의 제자인 우리도 세상에 필수적인 존재입니다. '세상'이라고 번역된 말은 '이 땅'을 뜻하며 이는 우리가 발을 딛고 서 있는 삶의 현장을 가리킵니다. 예수님은 우리가 가정, 학교, 직장, 사업장 등에서 꼭 필요한 그분의 대표자들이라고 하십니다. 그리고 우리를 세상으로 파송하시면서 세상에 속하지 않으나 세상에서 꼭 필요한 존재로 지혜롭게 살아가라고 명하십니다.

둘째, 참된 제자는 세상에 유용한 존재입니다! 소금이 필수적이라는 것은 유용하다는 의미입니다. 소금은 크게 두 가지 면에서 유용합니다. 먼저 소금은 부패를 막아 주는 방부제 역할을 합니다. 소금으로 저민 고기는 썩지 않고 오래 간직할 수 있습니다. 우리 역시 세상의 온갖 부패를 방지하는 역할을 해야 합니다. 죄로 썩은 내가 나는 세상에서 그리스도의 향기가 되어야 합니다.

두 번째로 소금은 참 맛을 내줍니다. 별 맛이 없는 죽에 조금만 소금을 넣어도 맛난 죽으로 변합니다. 이처럼 우리는 사람들 가운데 녹아져 맛을 내야 합니다. 그 맛은 삶의 기쁨과 행복을 뜻합니다.

셋째, 참된 제자의 진정한 맛은 인격입니다! 소금의 참된 맛은 예수님을 닮은 인격입니다. 이 땅에 오신 예수님은 하나님을 사랑하시고 죄인들을 사랑하신 완전한 인격의 소유자이셨습니다. 우리 죄를 용서하시기 위하여 자기 자신을 십자가 죽음에 내어 주신 예수님의 사랑은 최고의 인격입니다.

세상이 우리에게서 맛보길 원하는 소금의 맛은 예수님을 닮은 자기희생적이고 겸손한 사랑의 인격입니다. 우리가 이러한 인격으로 이웃을 대하는 것이 바로 소금의 역할을 제대로 하는 것입니다. 제자도의 본질은 예수님을 닮는 것입니다.

넷째, 맛을 상실한 제자는 세상에 무익합니다! 소금은 그 특성상 짠맛을 잃을 수 없습니다. 그러나 순수한 소금에 불순물이 뒤섞이면 고유의 맛을 잃고 맙니다. 그것이 바로 죄의 불순물이 우리 인격을 완전히 뒤덮어 버린 상태입니다. 예수님은 소금이 '맛을 잃는 것'이 '아무 쓸모없는 인간으로 버려져 짓밟히는 비참한 삶을 사는 것'이라고 경고하십니다.

예수님은 우리를 소금처럼 가치 있는 존재로 부르셨습니다. 이 진리는 우리에게 큰 위로이자 도전이 됩니다. 우리가 주님의 사랑의 참 맛을 매일 맛보며 살아가면, 그분을 닮은 행복한 인격자로 성장하게 될 것입니다.

ı ı ı

적용나눔 · 자기 자신을 맛에 비유하여 표현해 보세요. 자신을 세상에서 꼭 필요한 존재로 여기나요, 아니면 별 가치 없는 존재로 여기나요?

· 부패한 이 세상에서 어떤 역할을 하고 있나요? 부패를 막는 소금 역할인가요, 아니면 부패를 전파하는 균 역할인가요?

· 예수님을 닮기 위해 어떤 노력을 하고 있나요? 세상에서 소금 맛을 내기 위해 어떻게 해야 할지 나누어 보세요.

감사나눔 다 함께 감사와 기도제목을 나누고 한 주간 기도해요!

_____

_____

_____

마침기도 존귀하신 하나님, 저희를 소금과 같이 귀한 존재로 불러 주셔서 감사합니다. 저희 삶 가운데 제대로 된 소금 맛을 내지 못한 것을 용서해 주시고, 날마다 예수님을 닮아가도록 인도해 주세요. 주님을 모르고 살아가는 사람들을 위하여 저희 가정을 사용해 주세요.

주기도문 가정예배를 마친 후, 서로 "사랑해요, 축복해요"라고 나눕니다.

세상의 빛이 되는 가정되길 원합니다

찬양 🎵 　찬송가 502장 빛의 사자들이여

시작기도 🤚 　빛 되신 하나님, 이 어두운 세상에 빛으로 오신 주님을 찬양합니다. 이 시간 저희에게 빛으로 임재하여 주셔서 저희 마음을 진리의 빛으로 가득 채워 주세요.

말씀배움 📄 　마태복음 5장 14-15절을 함께 읽습니다.
¹⁴너희는 세상의 빛이라 산 위에 있는 동네가 숨겨지지 못할 것이요 ¹⁵사람이 등불을 켜서 말 아래에 두지 아니하고 등경 위에 두나니 이러므로 집 안 모든 사람에게 비치느니라.

ˌ　ˌ　ˌ

참된 제자는 세상의 빛이기에
세상에 하나님을 보여 주는 대표자들이어야 합니다

'세상의 빛'이라는 칭호는 하나님, 그리스도, 율법, 이스라엘 백성, 혹은 유명한 율법 선생들에게 사용되었습니다. 그런데 예수님은 세상적인 기준으로 볼 때에 하층민이라 할 수 있는 어부들을 '세상의 빛'이라고 부르셨습니다. 이는 제자들을 향한 예수님의 사랑과 기대를 잘 보여 줍니다. 참된 제자는 세상에서 하나님을 보여 주는 대표자입니다. 오늘 우리는 참된 제자의 특징에 대하여 함께 살펴보겠습니다.

첫째, 참된 제자는 세상과 대조적인 존재입니다! 빛과 어둠, 생명과 사망이 대조적인 것처럼 말입니다. 죄로 어두운 세상에서 거룩하게 살아가는 제자는 '빛'처럼 드러납니다. 이는 높은 산 위에 있는 동네가 멀리서도 보이는 것과 같습니다. 어두운 밤에 모든 문과 창으로 새어 나오는 빛으로 동네의 존재가 드러나는 것처럼 말입니다.

우리가 신앙인이라는 신분을 감추고 살아간다면 이는 매우 어리석은 일입니다. 온 집안을 밝히는 등불을 말 아래 두는 것처럼 말입니다. 하나님께서 의도하신 목적을 거슬러 사는 것은 미련함입니다. 우리는 본질적으로 세상과 다름을 인식하며 빛의 자녀로 살아가야 합니다.

둘째, 참된 제자는 세상의 어둠을 몰아냅니다! 빛의 역할은 어둠을 몰아내어 볼 수 있게 하는 것입니다. 세상의 빛인 우리의 역할도 어둠을 물리치고 밝은 세상을 만들어 가는 것입니다. 지금 이 세상은 온갖 죄악으로 어둠에 사로잡혀 많은 사람들이 죄의 노예로 살아가고 있습니다. 그러므로 우리는 늘 예수님의 빛을 우리 마음에 비추게 해야 합니다. 우리의 빛 된 행실을 통하여 세상의 어둠을 몰아내야 합니다.

사도 바울은 이렇게 말합니다: "너희가 전에는 어둠이더니 이제는 주 안에서 빛이라 빛의 자녀들처럼 행하라 빛의 열매는 모든 착함과 의로움과 진실함에 있느니라"(엡 5:8-9). 이 말씀처럼 우리는 착함, 의로움, 진실함을 통하여 세상의 악함, 불의, 거짓을 드러내고 몰아내야 합니다.

셋째, 참된 제자는 생명을 살리는 사명이 있습니다! 채소나 나무는 빛이 없으면 살 수 없습니다. 빛의 주된 역할이 바로 생명을 살리는 것이기 때문입니다. 우리의 사명 역시 예수님의 생명의 빛을 비추는 것입니다. 고통 받는 이웃이 예수님을 만날 수 있도록 인도하고 그들의 고통을 덜어 주어야 합니다.

우리는 슬퍼하는 자에게 위로를, 절망하는 자에게 소망을 전해야 합니다. 도움이 필요한 자에게 도움을 주고, 외로운 자에게 친구가 되어 주어야 합니다. 자기숭배의 종이 된 이 세상을 주님의 사랑으로 긍휼히 여기고 품어야 합니다. 이와 같이 생명의 빛을 비추어 그리스도 안에 있는 참된 자유로 인도하는 사람이 복된 빛의 자녀입니다.

ㅣ ㅣ ㅣ

적용나눔

- 지금 내 마음은 환한가요, 아니면 어둡나요? 생명의 빛 되신 예수님이 지금 내 마음을 비추고 계신가요, 아니면 나는 여전히 어둠 가운데 있는 것 같나요?
- 주님께서 나를 '세상의 빛'이라고 부르실 때에 부담되나요, 아니면 감사한가요? 어떻게 하면 생명을 살리는 일에 동참할 수 있을지 나누어 보세요.
- 예수님을 부정하는 사람을 볼 때에 어떤 마음이 드나요? 어떻게 하면 그를 참 빛이신 예수님께로 인도할 수 있을지 나누어 보세요.

감사나눔

다 함께 감사와 기도제목을 나누고 한 주간 기도해요!

_____

_____

_____

마침기도

빛 되신 하나님, 저희 가정을 세상의 빛으로 불러 주셔서 감사합니다. 지금 이 시간 저희 안에 있는 어둠을 주의 빛으로 물리쳐 주세요. 저희 가정이 어두운 밤하늘을 아름답게 장식한 별처럼, 자기를 태워 환하게 비추는 촛불처럼, 망망대해에서 길을 잃은 자를 인도하는 등대처럼 예수님의 생명의 빛을 비출 수 있게 해 주세요.

주기도문

가정예배를 마친 후, 서로 "사랑해요, 축복해요"라고 나눕니다.

주께 영광 돌리는 가정되길 원합니다

찬양 ♪ 　찬송가 510장 하나님의 진리 등대

시작기도 　영광의 하나님, 모든 영광을 주님께 돌립니다. 이 시간 저희가
분주한 마음을 내려놓고 주님의 음성을 듣길 원합니다. 인격이
변화되고 구원의 기쁨이 넘치는 가정예배가 되게 해 주세요.

말씀배움 　마태복음 5장 16절을 함께 읽습니다.
이같이 너희 빛이 사람 앞에 비치게 하여 그들로 너희 착한 행실
을 보고 하늘에 계신 너희 아버지께 영광을 돌리게 하라.

ㅣ　ㅣ　ㅣ

참된 제자는 빛 된 행실을 통하여
하나님께서 영광을 받으시게 해야 합니다

세상 사람들에게는 '크리스천은 선한 일을 한다'는 기대가 있
습니다. 그래서 그 기대가 깨지면 더 손가락질을 하고 하나님
의 존재를 부정합니다. 우리는 기독교인들을 손가락질하는 이
세대에서 어떻게 살아가야 할까요? 예수님은 본문말씀을 통
하여 우리가 세상에서 어떻게 살아가야 하는지 가르쳐 주십니
다. 그것은 빛 된 행실을 통하여 하나님께 영광을 돌리는 것입
니다. 오늘 우리는 참된 제자의 행실이란 무엇인지 함께 살펴
보겠습니다.

첫째, 참된 제자들의 빛은 착한 행실을 의미합니다! 모든 착한 행실을 '믿음으로 행한 사랑'으로 요약할 수 있습니다. 예수님을 믿고 구원 받은 사람은 십자가 사랑을 경험한 자입니다. 그는 예수님이 자기 자신을 희생하여 내어 주신 것처럼 자기를 내어 주는 사랑을 실천합니다. 이러한 모습은 자기 사랑이라는 어둠에 갇힌 사람들과 매우 대조적입니다.

사랑은 세상을 변화시키는 하나님의 능력입니다. 우리는 사랑의 행실을 통하여 예수님의 십자가 사랑을 드러내야 합니다. 자기중심성을 넘어 하나님과 이웃을 사랑하는 믿음을 실천해야 합니다. 우리가 사랑으로 선을 행할 때에 하나님의 살아 계심이 세상에 드러나게 될 것입니다.

둘째, 참된 제자는 착한 행실을 뽐내지 않습니다! 바리새인들은 자기 의나 선행을 뽐내기 위하여 나팔을 불었습니다. 아마도 이런 행동이 그들에게는 행복이었을 것입니다. 하지만 이는 참된 만족이 없는 위선일 뿐입니다. 우리는 착한 일을 할 때에 자기 영광을 나팔 불지 말고 하나님의 선하심을 선포해야 합니다.

위선은 인간 본성에 깊이 뿌리내려 있으므로 우리의 죄성을 과소평가하거나 우리의 선을 과대평가하지 말아야 합니다. 그리고 하나님의 은혜가 아니면 아무것도 할 수 없는 무익한 존재임을 겸손히 인정해야 합니다. 내가 다른 이들보다 더 낫다고 스스로를 높이는 것은 넘어짐과 불행의 지름길입니다.

셋째, 참된 제자는 하나님의 영광을 위하여 모든 것을 합니다!
우리는 선행을 통하여 고통 가운데 신음하는 이웃을 위로하고
도울 수 있습니다. 하지만 그것만이 목적은 아닙니다. 궁극적
인 목적은 '하나님의 영광'입니다. 우리는 먹든지 마시든지 모
든 것을 하나님의 영광을 위하여 해야 합니다(고전 10:31).

우리의 사명은 '착한 행실'을 통하여 하나님의 살아 계심, 사랑
하심, 아름다우심, 영화로우심을 드러내는 것입니다. 그리고
그때에 교만하지 않고, 오직 나는 하나님의 은혜로 구원 받은
죄인임을 인정하며 내 안에 자랑할 것이 없음을 고백해야 합
니다. 겸손이란, 내 의를 감추고 하나님께 영광을 돌리는 것입
니다.

참된 제자는 착한 행실로 사람들이 하나님을 만나고 그분께
영광을 돌리도록 해야 합니다. 이러한 목적에 충실한 사람이
진정으로 행복한 자입니다.

ㅣ ㅣ ㅣ

적용나눔 · 우리 가정은 서로를 어떻게 대하나요? 가족을 좋게
 대할 때와 나쁘게 대할 때에 내 마음이 어떠한지 솔
직히 나누어 보세요.

· 누군가가 자신이 행한 착한 일을 뽐낼 때, 어떻게 반
응하는 것이 지혜로울지 나누어 보세요.

· 사람들이 나의 착한 행동을 칭찬할 때, 어떻게 반응
하나요? 나의 선행이 하나님께만 영광이 되게 하려면
어떻게 해야 할까요?

감사나눔 다 함께 감사와 기도제목을 나누고 한 주간 기도해요!

_____

_____

_____

마침기도 영광의 하나님, 저희가 착한 행실로 주님께 영광을 돌리지 못
하고 악한 말과 행동으로 서로에게 상처를 주었음을 회개합니
다. 저희 모든 죄를 용서해 주세요. 이제는 저희가 예수님의 선
하심을 본받아 살아가길 원합니다. 세상 사람들이 저희의 착
한 행실을 보고 하나님께 영광 돌리는 삶을 살아가게 해 주세
요. 성령의 능력으로 선한 열매를 맺게 해 주세요. 저희 가정이
하나님께 속하였음을 세상이 알게 해 주세요.

주기도문 가정예배를 마친 후, 서로 "사랑해요, 축복해요"라고 나눕니다.

진실하게 의를 행하는 가정되길 원합니다

12주

찬양 ♪ 찬송가 338장 내 주를 가까이 하게 함은

시작기도 진리의 하나님, 오늘도 저희를 보살펴 주셔서 감사합니다. 이 시간 저희가 영과 진리로 예배할 수 있도록 인도해 주세요. 저희의 예배를 기쁘게 받아 주시고 저희가 진리 가운데 서로를 더욱 사랑하게 해 주세요.

말씀배움 마태복음 5장 17-19절을 함께 읽습니다.

[17]내가 율법이나 선지자를 폐하러 온 줄로 생각하지 말라 폐하러 온 것이 아니요 완전하게 하려 함이라 [18]진실로 너희에게 이르노니 천지가 없어지기 전에는 율법의 일점일획도 결코 없어지지 아니하고 다 이루리라 [19]그러므로 누구든지 이 계명 중의 지극히 작은 것 하나라도 버리고 또 그같이 사람을 가르치는 자는 천국에서 지극히 작다 일컬음을 받을 것이요 누구든지 이를 행하며 가르치는 자는 천국에서 크다 일컬음을 받으리라.

ㅣ ㅣ ㅣ

참된 제자는
하나님의 도덕적 기준을 따라 진심으로 의를 행합니다

누군가는 은혜로 구원을 받았으니 율법을 지키지 않아도 된다고 주장하고, 누군가는 구원을 받으려면 율법을 지켜야 한다고 주장합니다. 그러나 예수님은 율법을 폐하지도, 율법을 구

원의 길로 정하지도 않으셨습니다. 바리새인들은 예수님을 반율법주의자라고 공격했지만 예수님은 바리새인들의 위선적이고 피상적이며 형식적인 율법 준수의 죄를 드러내셨습니다. 예수님은, 참된 제자는 하나님의 도덕적 기준을 따라 진심으로 의를 행해야 한다고 가르치십니다. 오늘 우리는 그 가르침에 대하여 함께 살펴보겠습니다.

첫째, 참된 제자는 하나님의 법에 맞추어 생활함을 기뻐합니다! 이 땅에 오신 예수님은 율법과 선지자, 곧 구약 전체의 말씀을 절대적인 권위로 인정하시고 그 말씀을 따라 완전한 삶을 사셨습니다. 또한 천지는 없어질지라도 하나님의 말씀은 일점일획도 없어지지 않고 이루어질 것이라고 하셨습니다(마 5:18).

예수님은 율법이 요구하는 완전한 의를 이루신 분입니다. '의'는 기준에 꼭 들어맞는 상태를 의미하는데 여기서 말하는 기준은 '하나님의 법'입니다. 하나님의 법은 '하나님 사랑'과 '이웃 사랑'으로 요약되는데, 이는 하나님의 성품에 근거하므로 제자의 삶에 절대적인 기준이 됩니다. 참된 제자는 예수님을 사랑하기에 자기 소견에 옳은 대로 행하는 이 세상에서 그분의 사랑의 법을 사랑하고 지키는 사람입니다.

둘째, 참된 제자는 늘 의를 신실하게 행하고자 합니다! 그는 하나님의 법 기준에 맞는 의를 신실하게 실천하기 위하여 애씁니다. 오늘날 많은 크리스천들이 자신의 감정, 감동, 은혜 받은 느낌에 따라 제자의 삶을 살아가려 합니다. 그러나 이는 잘못된 것이며 반드시 실패하게 되어 있습니다. 십자가 사랑을 의지하는 참된 제자는 의를 실천하기 위하여 주의 은혜를 구하는 자들입니다.

하나님의 법이 요구하는 신실함은 일시적인 것이 아닙니다. 교회에 출석하는 주일에만 성도의 모습으로 살아가는 것이 아닙니다. 참된 제자는 사랑의 법을 따라 늘 하나님께 충성합니다. 문화적 분위기, 사회적 압력, 개인적 기분 등에 상관없이 신실하게 의를 행합니다.

셋째, 참된 제자는 하나님 법을 모두 행하고자 애씁니다! 어떤 사람들은 계명의 경중을 자의적으로 판단해 가르칩니다. 또 어떤 사람들은 계명이 너무 무거워 자신들의 능력에 맞게 낮추어 가르칩니다. 그러나 이처럼 내 마음대로 계명의 경중을 나누고 계명의 요구를 변질시켜 가르치는 것은 죄입니다.

우리의 문제는 남에게는 이렇게 하라 저렇게 하라 가르치면서 정작 자신은 그 가르침대로 행하지 않는 것입니다. 당시 자기모순과 교만에 빠져 있던 바리새인들이 그러했습니다. 우리는 하나님의 법의 경중을 자의적으로 판단하지 말고 모두 순종해야 합니다. 이는 주님의 도우심 없이 불가능하나 주께서 그분의 법, 곧 사랑의 법을 지킬 수 있도록 능력을 주실 것입니다.

l l l

적용나눔 · '하나님의 법'이 부담스럽게 느껴지나요, 아니면 사랑
　　　스럽고 소중하게 느껴지나요? 시편 119장 97-105절을
　　　읽고 저자가 얼마나 하나님의 법을 사랑하고 있는지
　　　느껴 보세요.

　　　· 하나님을 사랑한다고 말하면서 그분의 법을 지키지
　　　않는다면 그것은 결국 무엇을 의미하는 것인가요?

　　　· 자녀에게 하나님의 말씀을 가르치면서 자신은 그
　　　말씀대로 살지 못해 양심의 가책을 받은 적이 있나
　　　요? 우리 가족은 말과 행동의 일치를 위하여 각자 어
　　　떤 노력을 하고 있나요?

감사나눔 다 함께 감사와 기도제목을 나누고 한 주간 기도해요!

_____

_____

_____

마침기도 진리의 하나님, 하나님의 법이 아닌 내 기준과 기분에 따라 행
동했던 모든 것을 용서해 주세요. 남은 이렇게 하라 저렇게 하
라 가르치면서 정작 그대로 행하지 않았던 저희의 이중성을 용
서해 주세요. 이제는 저희 가정이 하나님의 법을 사랑하고 순
종하길 원합니다. 이를 위하여 저희 마음을 새롭게 해 주시고
저희 마음에 깊이 뿌린 내린 위선을 버리게 해 주세요.

주기도문 가정예배를 마친 후, 서로 "사랑해요, 축복해요"라고 나눕니다.

주님의 의를 의지하는 가정되길 원합니다

13주

찬양 🎵   찬송가 449장 예수 따라가며

시작기도 🖐   사랑의 하나님, 저희 가정이 세상을 따르지 않고 주를 예배하게 해 주셔서 감사합니다. 이 시간 저희 마음을 그리스도의 보혈로 정결하게 해 주세요. 이 가정예배를 통하여 하나님을 영화롭게 하고 즐거워하게 해 주세요.

말씀배움 📄   마태복음 5장 20절을 함께 읽습니다.
내가 너희에게 이르노니 너희 의가 서기관과 바리새인보다 더 낮지 못하면 결코 천국에 들어가지 못하리라.

    ┃   ┃   ┃

참된 제자는
위선이 아닌 참 마음으로 하나님의 법을 순종합니다

진심으로 행하는 선행과 위선으로 행하는 선행은 하늘과 땅 차이입니다. 겉은 비슷해 보여도 마음의 동기가 완전히 다릅니다. 전자는 하나님의 영광을 위한 것이고, 후자는 자기의 영광을 위한 것입니다. 예수님은 제자들에게 후자에 속하는 유대 종교지도자들이 아닌 전자가 되어야 한다고 가르치십니다.

예수님이 "너희 의가 서기관과 바리새인보다 더 낮지 못하면 결코 천국에 들어가지 못하리라"고 말씀하실 때, 아마도 종교 지도자들은 두렵고 놀랐을 것입니다. 당시 하나님의 율법을 그들보다 더 철저하게 지키는 사람은 없었기 때문입니다. 어쩌면 누군가에게는 이 말씀이 아무도 구원 받을 수 없다는 의미로 들렸을지도 모릅니다. 오늘 우리는 예수님이 이 말씀을 하신 참 의미에 대하여 함께 살펴보겠습니다.

첫째, 참된 제자는 위선적으로 의를 행하지 않습니다! 예수님 당시 율법 전문가인 서기관과 바리새인은 십계명을 613가지, 즉 365개는 하지 말아야 할 계명으로 나머지 248개는 행해야 할 계명으로 나누었습니다. 그 의도는 계명을 잘 지켜서 온전한 의를 이루기 위함이었습니다. 그러나 실제적으로 그들은 율법을 지킴으로써 자기 의를 세우고 자기 의를 과시했습니다. 위선적으로, 형식적으로만 율법의 의를 행했습니다. 바로 외식주의, 형식주의라는 함정에 빠져 있었기 때문입니다.

겉으로는 하나님을 존경한다고 말하면서 정작 그들의 마음은 하나님으로부터 멀었습니다(마 15:8). 율법에 대한 자신의 견해와 해석을 고집하고 자신이 가진 율법 지식을 자랑했습니다. 자기 뜻에 따라 행해야 할 것과 행하지 말아야 할 것을 정하고 백성들의 어깨에 자기들도 지기 어려운 짐을 지웠습니다(눅 11:46). 참된 제자는 이러한 바리새인의 자기 의를 거부해야 합니다.

둘째, 참된 제자는 그리스도의 의를 의지하여 진심으로 의를

행합니다! 참된 제자는 아무리 노력해도 율법이 요구하는 완전한 의를 이룰 수 없음을 깨닫는 자입니다. 스스로 구원받을 수 없는 죄인임을 고백하며 그리스도를 유일한 구주로 믿는 자입니다. 그리스도의 대속의 은혜를 의지하는 자입니다. 예수님이 율법의 모든 요구를 행하시고 하나님의 공의를 만족시키심으로써 얻은 그리스도의 의를 믿음으로 받아들인 자입니다. 참된 제자는 하나님 앞에서 의로운 자로 여김을 받습니다.

우리는 하나님의 사랑에 감사하며 그분의 법을 사랑하고 순종하기 위하여 애써야 합니다. 구원을 받기 위해서가 아닌 구원을 받은 자로서 하나님의 법을 성령의 능력으로 실천해야 합니다. 이는 거듭난 마음, 구원에 감사하는 마음에서 비롯된 진심으로 행하는 의입니다. 이는 예수님의 능하신 십자가 은혜를 의지하여 행한 삶의 열매입니다.

우리는 율법에 속박되지 않고 그리스도의 능하신 사랑을 의지하여 그분의 법을 사랑하고 순종해야 합니다. 이것이 바로 그리스도의 의로 살아가는 것입니다.

ı ı ı

적용나눔 · 내 안에 하나님의 법을 온전히 행할 능력이 없다는
것을 언제 깨달았나요? 나의 무능과 죄악 됨을 깨닫
고 간절히 그리스도를 찾은 적 있나요?

· 하나님의 말씀에 순종하기 위해 애쓰다가 뜻대로 되
지 않아 스스로에게 실망하고 좌절한 적 있다면 나누
어 보세요.

· 그리스도의 의가 아니면 구원 받을 수 없음을 얼마나
절실히 느끼고 있나요? 십자가 사랑에 감사함으로 삶
에 나타난 변화가 있다면 나누어 보세요.

감사나눔 다 함께 감사와 기도제목을 나누고 한 주간 기도해요!

_____

_____

_____

마침기도 사랑의 하나님, 저희가 사람들에게 좋게 보이기 위하여 행한
모든 의를 용서해 주세요. 이제는 저희 힘으로 율법을 지키려
했던 모든 열심과 교만을 버리고 주의 법을 더욱 사랑하길 원
합니다. 저희가 오직 그리스도의 완전한 의를 의지하여 진심으
로 의를 행할 수 있도록 가르쳐 주시고 인도해 주세요.

주기도문 가정예배를 마친 후, 서로 "사랑해요, 축복해요"라고 나눕니다.

14주

분노로 깨지지 않는 가정되길 원합니다

찬양 ♪ 찬송가 200장 달고 오묘한 그 말씀

시작기도 🤲 자비하신 하나님, 죄로 인하여 죽을 수밖에 없는 저희에게 베풀어 주신 다함없는 사랑에 감사합니다. 이곳에 저희와 함께하셔서 예배를 받아 주시고 진리 가운데 예수님을 닮아가도록 축복해 주세요.

말씀배움 📄 마태복음 5장 21-26절을 함께 읽습니다.

[21]옛 사람에게 말한 바 살인하지 말라 누구든지 살인하면 심판을 받게 되리라 하였다는 것을 너희가 들었으나 [22]나는 너희에게 이르노니 형제에게 노하는 자마다 심판을 받게 되고 형제를 대하여 라가라 하는 자는 공회에 잡혀가게 되고 미련한 놈이라 하는 자는 지옥 불에 들어가게 되리라 [23]그러므로 예물을 제단에 드리려다가 거기서 네 형제에게 원망 들을 만한 일이 있는 것이 생각나거든 [24]예물을 제단 앞에 두고 먼저 가서 형제와 화목하고 그 후에 와서 예물을 드리라 [25]너를 고발하는 자와 함께 길에 있을 때에 급히 사화하라 그 고발하는 자가 너를 재판관에게 내어 주고 재판관이 옥리에게 내어 주어 옥에 가둘까 염려하라 [26]진실로 네게 이르노니 네가 한 푼이라도 남김이 없이 다 갚기 전에는 결코 거기서 나오지 못하리라.

ㅣ   ㅣ   ㅣ

참된 제자는

분노로 깨져버린 세상에서 화목하게 하시는 예수님을 바라봅니다

저녁식사 중에 아내가 남편의 자존심을 건드리자 남편이 자신을 무시했다고 분노하며 집안을 아수라장으로 만들고 급기야 이성을 잃고 아내를 죽였습니다. 이는 오늘날 우리가 접하는 비참한 소식들 중 하나입니다. 분노가 통제되지 않으면 이처럼 큰 화를 부릅니다.

오늘 본문은 "살인하지 말라"는 제육계명을 다룹니다. 예수님은 형제에게 분노하여 "미련한 놈"이라 하며 그의 지력을 무시하고 인격을 살해하는 자는 제육계명의 정신을 어긴 것이라고 말씀하십니다. 즉, 형제를 혐오하고 그에게 분노하는 사람은 바로 영적 살인자입니다.

예수님은 바리새인들의 잘못된 율법 해석을 바로 잡으시면서 율법의 참 정신을 지켜야 한다고 말씀하십니다. 예배 중에라도 형제에게 원망 들을 만한 일이 생각나면 먼저 형제와 화목한 후에 돌아와 예배를 드리라고 말씀하십니다. 분노로 어그러진 관계를 회복하지 않은 채 예배하는 것은 합당하지 않습니다. 우리는 이를 기억하고 그대로 행해야 합니다.

이웃과의 관계는 하나님과의 관계에도 영향을 끼칩니다. 바른 관계는 바른 예배에 필수적이기 때문입니다. 예수님이 들려주신 또 다른 예는 돈 문제로 소송을 제기하는 사람에게 빚을 다 갚으라는 것과 이웃과의 관계를 깨는 분노를 철저히 해결하라는 것입니다.

분노는 모든 관계를 파괴합니다. 자기 자신까지 해합니다. 마음의 평화를 잃고 극단적인 생각에 사로잡히게 합니다. 분노의 대상을 제거하고픈 생각에 사로잡힙니다. 무엇보다 분노는 하나님과의 관계를 파괴합니다. 우리는 나 자신, 그리고 이웃과의 평화가 깨지면 하나님과 평화로운 관계를 맺을 수 없습니다. 왜냐하면 하나님은 분노로 파괴를 일삼는 자들을 기뻐하지 않으시기 때문입니다.

물론 모든 분노가 죄는 아닙니다. 하나님은 거룩하시기에 죄에 대하여 분노하십니다. 죄를 기뻐하는 것은 '죄'이나 죄를 분노하는 것은 '의'입니다. 죄가 되는 분노는 죄악 된 언어와 행동으로 표출됩니다. 분노에 사로잡힌 사람의 마음은 지옥과도 같습니다. 그는 무질서, 폭력, 혼돈의 지배를 받습니다. 분노의 불은 스스로를 해하고 이웃을 해하는 지옥 불과 같아서 이미 그 자체가 하나님의 심판입니다.

예수님은 통제되지 않은 분노가 어떤 비극을 불러 오는지에 대하여 경고하십니다. 바리새인들은 제육계명을 문자적으로만 이해하여 살인만 하지 않으면 계명을 지킨 것으로 간주했습니다. 그러나 예수님은 마음에서 살인의 동기와 원인을 제거해야 진정으로 제육계명을 지키는 것이라고 말씀하십니다. 참된 제자인 우리는 분노로 깨진 세상에서 화목하게 하시는 그리스도의 은혜를 의지하여 늘 화해의 마음을 품고 살아가야 합니다.

l   l   l

적용나눔

- 무엇에 가장 쉽게 분노하나요? 분노하면 내 말과 행동이 어떻게 변하나요?
- 분노로 인해 가족 또는 친구와 관계가 깨진 적 있나요? 그 일을 겪으면서 무슨 생각을 했는지 나누어 주세요.
- 이웃을 무시하고 분노한 것이 '영적 살인'이라는 말에 대하여 어떻게 생각하나요? 지금 우리의 가정, 교회, 사회 안에서 얼마나 많은 영적 살인이 행해지고 있다고 생각하나요?

감사나눔

다 함께 감사와 기도제목을 나누고 한 주간 기도해요!

_____

_____

_____

마침기도

자비하신 하나님, 주님께서는 저희가 지금까지 얼마나 많은 막말과 거친 행동을 보였는지 다 아십니다. 저희가 행한 모든 영적 살인죄를 용서해 주세요. 이제는 저희가 주님의 마음, 화평의 마음을 품길 원합니다. 저희 마음을 새롭게 해 주세요. 저희가 분노로 갈등을 야기하는 자가 아닌 화평으로 화해를 도모하는 자가 되도록 은혜를 내려 주세요.

주기도문

가정예배를 마친 후, 서로 "사랑해요, 축복해요"라고 나눕니다.

화해로 하나 되는 가정되길 원합니다

찬양 ♪   찬송가 220장 사랑하는 주님 앞에

시작기도 화목하게 하시는 하나님, 저희를 하나님만 섬기고 예배하는 가
정으로 삼아 주셔서 감사합니다. 이 시간 영과 진리로 예배할
수 있도록 저희 마음을 열어 주시고 하나님의 진리를 깨닫도록
은혜를 내려 주세요.

말씀배움 마태복음 5장 21-26절을 함께 읽습니다.
[21]옛 사람에게 말한 바 살인하지 말라 누구든지 살인하면 심판을
받게 되리라 하였다는 것을 너희가 들었으나 [22]나는 너희에게 이
르노니 형제에게 노하는 자마다 심판을 받게 되고 형제를 대하
여 라가라 하는 자는 공회에 잡혀가게 되고 미련한 놈이라 하는
자는 지옥 불에 들어가게 되리라 [23]그러므로 예물을 제단에 드리
려다가 거기서 네 형제에게 원망들을 만한 일이 있는 것이 생각
나거든 [24]예물을 제단 앞에 두고 먼저 가서 형제와 화목하고 그
후에 와서 예물을 드리라 [25]너를 고발하는 자와 함께 길에 있을
때에 급히 사화하라 그 고발하는 자가 너를 재판관에게 내어 주
고 재판관이 옥리에게 내어 주어 옥에 가둘까 염려하라 [26]진실
로 네게 이르노니 네가 한 푼이라도 남김이 없이 다 갚기 전에
는 결코 거기서 나오지 못하리라.

| | | |

참된 제자는

분노가 아닌 화해의 마음을 품고 살아야 합니다

오늘날 신문 헤드라인은 분노가 유발한 연쇄 살인, 대규모 총격 살상, 전쟁, 법정 투쟁, 총파업, 정치적 갈등 등으로 채워져 있습니다. 일상에서도 "뚜껑이 열린다", "열받게 하네", "죽고 싶어?"와 같은 말을 쉽게 내뱉습니다. 이는 우리의 대화와 정서에 분노가 깊이 배어 있음을 나타냅니다. 오늘 우리는 분노란 무엇이며 어떻게 극복해야 하는지 함께 살펴보겠습니다.

첫째, 분노는 상처를 주는 자에 대한 역반응입니다! 우리는 누군가가 자존심을 건드리거나 인격을 무시하면 분노합니다. "너는 태어나지 말았어야 했어. 너 때문에 내 인생이 망가졌어" "우린 서로 만나지 말았어야 했어"와 같은 말은 분노를 초래합니다. 이는 상대를 하나님의 형상으로 보지 않고 괴물로 보는 것입니다.

분노를 초래하는 말은 인격을 살해하는 언어폭력이며 언어폭력은 물리적 폭력을 수반합니다. 마음의 분노가 살인의 원인이 되는 경우가 그러합니다. 우리는 상처 받으면 공격성이 폭발합니다. 그래서 화가 될 일을 미리 막는 것이 지혜입니다. 대화에서 분노를 초래하고 관계를 파괴하는 말을 추방하는 것이 지혜입니다.

둘째, 화해는 분노의 마음을 치유합니다! 예수님은 우리에게 분노를 해결하기 위해 모든 노력을 기울이라고 명하십니다. 나에게 분노한 형제가 먼저 나를 찾아오지는 않을 것입니다. 그렇기에 내가 먼저 찾아가 화해의 손을 내밀어야 합니다. 예수님은 예배 중에라도 가서 화해하라고 말씀하십니다. 미루지 말고 즉각적으로 행동할 것을 명하십니다.

우리가 화해하는 자리에서 "나도 잘못했지만 너도 잘못했어!" 라고 말하면, 오히려 문제를 악화시킬 수 있습니다. 화해할 때 는 최대한 나 자신을 낮추고 잘못을 고백하며 용서를 구해야 합니다. 진정한 겸손이 화해할 수 있는 용기를 줄 것입니다.

예수님은 우리 죄를 위하여 자기 자신을 화목제물로 드리셨습니다(롬 3:25). 우리 죄를 대신하여 하나님의 진노를 받으시고 우리를 하나님과 화목하게 하셨습니다. 이것이 바로 하나님의 사랑입니다. 우리는 그 사랑의 은혜로 하나님의 자녀가 되었습니다.

우리는 하나님과 화목하게 되었으므로 그분과 평화를 누려야 합니다. 그리고 그 평화는 나 자신과 이웃과의 평화로 나타나 야 합니다. 어떠한 관계에서든 분노가 초래한 불화가 있다면 십자가 사랑을 의지하여 먼저 화해의 손을 내밀어야 합니다. 그러면 깨어진 관계와 상처 난 마음이 치유될 것입니다.

주님의 은혜로 하나님과 이웃을 사랑하는 자만이 분노를 극 복할 수 있습니다. 사도 바울은 다음과 같이 권고합니다: "분 을 내어도 죄를 짓지 말며 해가 지도록 분을 품지 말고 마귀에 게 틈을 주지 말라"(엡 4:26-27).

| | |

적용나눔 · 분노를 극복하는 나만의 방법이 있나요? 혹 화해를
가로막는 것이 있다면 무엇인가요?

· 미움과 분노로 관계가 깨진 사람과 화해하기 위하여
어떤 노력을 하고 있나요? 십자가의 사랑으로부터 겸
손한 마음과 용기를 얻고 있나요?

· 나로 인해 상처 받은 가족과 이웃들의 마음을 헤아리
면서 이 시간 십자가의 사랑을 구하고 회개하길 권면
합니다.

감사나눔 다 함께 감사와 기도제목을 나누고 한 주간 기도해요!

_____

_____

_____

마침기도 화목하게 하시는 하나님, 저희 안에 미움과 분노에 사로잡혀
화해를 거부하는 관계가 있는지 돌아봅니다. 저희가 분노함으
로 관계를 깨뜨린 것을 용서해 주시고 상처 받은 이들의 아픔
을 헤아릴 수 있도록 은혜를 베풀어 주세요. 저희가 주님의 사
랑을 더 깊이 깨달아 먼저 화해의 손을 내밀 수 있도록 겸손과
용기를 허락해 주세요.

주기도문 가정예배를 마친 후, 서로 "사랑해요, 축복해요"라고 나눕니다.

정욕을 따르지 않는 가정되길 원합니다

16주

찬양 ♪ 찬송가 342장 너 시험을 당해

시작기도 🖐 거룩하신 하나님, 저희에게 오늘이라는 시간을 선물로 주셔서 감사합니다. 저희 가정이 하나님을 즐거워하며 예배하게 해 주시고, 성령님의 인도하심을 따르게 해 주세요. 저희 마음을 아버지께로 더 가까이 이끌어 주세요.

말씀배움 📄 마태복음 5장 27-30절을 함께 읽습니다.
²⁷또 간음하지 말라 하였다는 것을 너희가 들었으나 ²⁸나는 너희에게 이르노니 음욕을 품고 여자를 보는 자마다 마음에 이미 간음하였느니라 ²⁹만일 네 오른 눈이 너로 실족하게 하거든 빼어 내버리라 네 백체 중 하나가 없어지고 온몸이 지옥에 던져지지 않는 것이 유익하며 ³⁰또한 만일 네 오른손이 너로 실족하게 하거든 찍어 내버리라 네 백체 중 하나가 없어지고 온몸이 지옥에 던져지지 않는 것이 유익하니라.

ㅣ ㅣ ㅣ

정욕은 간음을 유발하기에 참된 제자는
음란한 세대에서 마음을 청결하게 유지해야 합니다

성적으로 자유분방한 오늘날 성적 청결을 지키는 것이 불가능해 보이기까지 합니다. 그러나 예수님은 성적 청결을 지키고 가정을 지킬 것을 분명히 명하십니다. 오늘 우리는 음란한 세대에서 성적 청결을 지키는 방법에 대하여 함께 살펴보겠습니다.

안타깝게도 많은 크리스천들이 음란죄에 빠져 있습니다. 손가락으로 클릭만 하면 음란한 영상을 볼 수 있기에 몰래 음란물을 탐닉하고 죄책감에 시달리다가 회개하고, 회개한 것이 무색하게 곧바로 유혹에 넘어갑니다. 이러한 악순환이 거듭되면 마음이 점점 완악해져 음란죄에 중독됩니다. 그는 겉으론 신앙생활을 잘하는 것 같아 보이나 그 마음은 정욕으로 가득합니다. 예수님은 이것이 바로 간음이라고 말씀하십니다.

바리새인들은 성관계만 맺지 않으면 "간음하지 말라"는 제칠 계명을 지킨 것으로 간주했습니다. 그러나 예수님은 그들의 잘못된 율법 해석을 바로 잡으시며 간음의 원인이 바로 마음의 정욕이요, 영적 간음이라고 말씀하십니다. 간음이 영적이든 육체적이든 오늘날 우리 가정과 사회의 근간을 허물고 있는 것은 분명한 사실입니다.

성적 청결은 고리타분한 구시대의 메시지가 아닌 가정과 사회를 건강하게 유지하는 원리입니다. 그것은 마음의 청결에서부터 옵니다. 우리 마음을 성적 부패에서 청결하게 유지하는 것은 단순히 개인의 문제일 뿐 아니라 가정과 사회를 건강하게 지키는 문제이기도 합니다.

간음은 음란한 마음에서 비롯된 부정한 행위입니다. 하지만 바리새인들은 간음의 직접적 원인인 정욕은 무시하고 간음이라는 육체적 행위만을 죄로 정했습니다. 남의 아내를 탐하면서도 잠자리만 하지 않으면 의롭다고 생각했습니다. 문제는 사람들이 자신의 정욕을 어떤 식으로든 해소하려 한다는 것입니다. 그래서 이를 방치하면 개인뿐 아니라 가정이 큰 화를 당할수 있습니다. 마음에 일어나는 정욕을 아무도 보지 않는다고 내버려 두면 걷잡을 수 없는 일을 겪을 수 있습니다.

우리는 우리 마음의 상태를 주의하여 살펴야 합니다. 특히, 보는 모든 것을 주의해야 합니다. 눈을 통하여 마음에 들어오는 모든 것을 통제해야 합니다. 예수님은 눈을 뽑고 손을 잘라 버릴 정도로 단호히 성적 유혹을 물리치라고 경고하십니다.

오늘날 많은 크리스천들이 아무도 모를 것이라 안심하며 포르노를 탐닉하고 성적 자극과 해방감을 느끼려 합니다. 마음이 음욕으로 가득한데 간음만 하지 않으면 된다 생각하고 포르노나 자위행위에 중독되어 있습니다. 그러나 우리는 간음의 유혹을 물리치고 가정을 위해 마음을 청결하게 지켜야 합니다.

하나님의 마음에 합한 다윗도 밧세바가 목욕하는 장면을 보고 정욕이 불타올라 절제하지 못하고 간음죄뿐 아니라 살인죄까지 범했습니다. 우리 눈으로 보고 손으로 하는 모든 것이 정욕을 부추기는 것이 되어서는 안 됩니다. 날마다 중심을 살피시는 하나님께 마음을 정결케 해 주시도록 간구해야 합니다.

l l l

적용나눔 · 성적 유혹을 어떻게 물리치고 있나요? 음란 동영상을
 보면서 정욕을 해소하려는 것이 왜 잘못된 일인가요?
· 내 마음에 일어나는 정욕을 얼마나 철저히 회개하고
정욕과 싸우고 있는지 돌아보세요.
· 성적으로 자극적인 사진이나 장면이 우리 마음에 어
떤 영향을 끼친다고 생각하나요? 그것들이 하나님과
의 관계에 어떤 부정적인 영향을 미치는지 나누어 보
세요.

감사나눔 다 함께 감사와 기도제목을 나누고 한 주간 기도해요!

_____

_____

_____

마침기도 거룩하신 하나님, 저희 안에 성적으로 자극적인 것들을 보고자
하는 욕망이 있음을 정직하게 고백하며 회개합니다. 성적으로
타락한 이 세상에서 저희 마음을 지켜 주시고, 세상의 유혹으
로부터 저희 가정을 보호해 주세요. 정결한 마음을 주셔서 주
님만 온전히 사랑하게 해 주세요.

주기도문 가정예배를 마친 후, 서로 "사랑해요, 축복해요"라고 나눕니다.

17주 사랑으로 치유되는 가정되길 원합니다

찬양 ♪   찬송가 215장 내 죄 속해 주신 주께

시작기도 참 사랑이신 하나님, 저희의 찬양과 예배를 받아 주셔서 감사
합니다. 저희가 하늘로부터 오는 참된 위로와 기쁨을 누리며
새 힘을 얻게 해 주세요. 주의 사랑을 더 깊이 경험하고 주를
더욱 사랑할 수 있도록 은혜를 내려 주세요.

말씀배움 마태복음 5장 27-30절을 함께 읽습니다.
[27]또 간음하지 말라 하였다는 것을 너희가 들었으나 [28]나는 너희
에게 이르노니 음욕을 품고 여자를 보는 자마다 마음에 이미 간
음하였느니라 [29]만일 네 오른 눈이 너로 실족하게 하거든 빼어
내버리라 네 백체 중 하나가 없어지고 온몸이 지옥에 던져지지
않는 것이 유익하며 [30]또한 만일 네 오른손이 너로 실족하게 하
거든 찍어 내버리라 네 백체 중 하나가 없어지고 온몸이 지옥에
던져지지 않는 것이 유익하니라.

ᛁ ᛁ ᛁ

참된 사랑과 회개로 마음을 정결케 해야 합니다

이제는 간통이 더 이상 형사처벌을 받지 않습니다. 성인 남녀
가 동의한 성관계이므로 죄가 아닌 개인의 자유라고 말합니
다. 동성애도 개인의 성적 취향으로 간주해버리고 맙니다. 그
러나 성적 타락은 죄일 뿐 아니라 사회의 근간인 가정을 허무

는 악입니다. 이 죄악의 뿌리에는 자기애가 있으며 자기애는 욕망으로 표출됩니다. 예수님은 간음의 뿌리인 욕망을 단호하게 제거해야 한다고 말씀하십니다. 오늘 우리는 간음과 정결에 대하여 함께 살펴보겠습니다.

첫째, 간음은 결혼 언약을 깨는 것입니다! 하나님은 결혼을 통하여 두 사람이 한 몸을 이루게 하셨습니다. 그래서 결혼은 좋아하는 두 남녀의 단순한 약정이 아닌 신성한 언약입니다. 부부의 하나 됨은 성적 연합을 통하여 드러납니다. 부부간의 성관계는 하나님의 축복입니다. 성은 신성한 것이며 부부 사이에만 국한됩니다. 그러나 영적이든 물리적이든 간음은 모두 하나님과 이웃 앞에서 서약한 언약을 깨는 것입니다.

바울은 그리스도와 교회의 관계를 결혼에 비유합니다. 이러한 관계에 충실한 부부는 서로 사랑하고 존경하며 순종합니다. 그리스도와 교회의 관계를 해하는 것이 바로 간음입니다. 하나님은 이 죄를 심각하게 다루십니다. 우리는 마음을 정결하게 유지함으로써 정욕을 내 마음에서, 우리 가정에서 몰아내야 합니다. 또한 간음이 배우자와 자녀에게 평생 씻지 못할 상처를 남긴다는 것을 명심해야 합니다.

둘째, 참된 회개는 죄를 잘라냅니다! 예수님은 음욕의 도구가 된 눈과 손을 없애 버리라고 강하게 말씀하십니다. 우리는 이 과격한 처방을 통하여 음욕이 얼마나 극복하기 어려운가를 다시 한번 깨닫습니다. 우리는 내 눈을 빼고 손을 자르는 심정으로 정욕을 다루어야 합니다.

우리는 참된 회개를 통하여 마음을 정결하게 해야 합니다. 다윗은 밧세바와 간음하고 그녀의 남편을 죽인 후에 마음을 찢으며 회개하고 깨끗한 마음을 구했습니다. 그는 회개를 통하여 용서 받고 회복되었습니다. 이는 전적인 하나님의 은혜요 사랑입니다. 오직 하나님의 사랑만이 우리 마음을 치유하고 새롭게 합니다.

참된 회개는 하나님의 용서와 사랑을 경험하게 합니다. 이를 경험하면 다른 사람에게 향하던 눈이 배우자만 바라보는 고정된 눈으로 변화됩니다. 다른 사람을 즐겁게 하던 손이 배우자를 기쁘게 하는 손으로 변화됩니다. 남의 배우자를 탐하던 정욕이 배우자를 향한 참 사랑으로 변화됩니다. 이것이 바로 우리 가정을 지키고 하나님께 영광을 돌리는 길입니다.

우리 몸은 우리 자신의 것이 아닌 '성령의 전'입니다. 우리는 성령의 전을 창기의 소굴로 만들어서는 안 됩니다. 하나님의 사랑과 성적 청결을 유지함으로써 가정을 지켜야 합니다. 사도 바울은 이렇게 권고합니다: "값으로 산 것이 되었으니 그런즉 너희 몸으로 하나님께 영광을 돌리라"(고전 6:20).

ㅣ   ㅣ   ㅣ

적용나눔

- 성경은 간음이 성의 거룩성을 깨는 것이라고 말하나 세상은 성이 개인의 자유라고 주장합니다. 성에 대한 세상의 주장이 왜 잘못되었는지 나누어 보세요.
- 예수님은 성적 욕망의 도구로 잘못 사용한 눈을 빼고 손을 잘라 버리라고 말씀하십니다. 이 말씀을 내 삶에 어떻게 적용할 수 있을까요?
- 참된 회개는 그리스도의 사랑으로 우리 영혼을 충만케 하고, 참된 사랑은 모든 음욕을 이기게 합니다. 이것을 기억하면서 배우자를 위하여 어떻게 나의 눈, 손, 마음을 사용할지 생각해 보세요.

감사나눔

다 함께 감사와 기도제목을 나누고 한 주간 기도해요!

_____

_____

_____

마침기도

참 사랑이신 하나님, 지금 이 시간 저희가 문란한 세상 문화를 분별없이 받아들이진 않았는지 돌아보며 회개합니다. 저희 가정이 성적 매력을 뽐내고 성을 상품화하며 성적 죄악을 미화하는 세상 문화를 거부하고 하나님 나라의 거룩한 백성으로 살아가게 해 주세요. 예수님의 보혈로 저희 마음을 정결하게 해 주시고, 주의 십자가 사랑으로 저희 가정과 사회를 간음에서 지켜 주세요.

주기도문

가정예배를 마친 후, 서로 "사랑해요, 축복해요"라고 나눕니다.

이혼을 막아서는 가정되길 원합니다

찬양 ♪ 찬송가 604장 완전한 사랑

시작기도 사랑의 하나님, 독생자 예수 그리스도를 저희의 구주로 보내
주셔서 감사합니다. 저희가 날마다 그 은혜를 찬송하며 하나님
말씀에 순종하게 해 주세요. 주님의 복된 임재를 경험하는 거
룩한 예배가 되도록 인도해 주세요.

말씀배움 마태복음 5장 31-32절을 함께 읽습니다.
[31]또 일렀으되 누구든지 아내를 버리려거든 이혼 증서를 줄 것이
라 하였으나 [32]나는 너희에게 이르노니 누구든지 음행한 이유 없
이 아내를 버리면 이는 그로 간음하게 함이요 또 누구든지 버림
받은 여자에게 장가 드는 자도 간음함이니라.

ㅣ   ㅣ   ㅣ

결혼 제도를 만드신 분이 하나님이시기에
결혼의 위기 중에도 그분이 의도하신 결혼생활에 충실해야 합니다

태초에 결혼을 제정하신 분은 하나님이시고 우리는 그분이 의
도하신 결혼생활에 충실해야 합니다. 하나님은 이혼을 싫어하
십니다(말 2:16). 그런데 오늘날 이혼이 성행하여 수많은 가정이
깨지고 사회가 병들고 있습니다. 오늘 우리는 결혼생활을 이혼
의 유혹으로부터 어떻게 지킬 수 있을지 함께 살펴보겠습니다.

첫째, 결혼과 이혼을 자기중심적으로 접근하지 말아야 합니다! 많은 사람들이 자기만족과 행복을 위해 결혼하고, 결혼생활에서 힘든 현실에 부딪히면 바로 이혼을 생각합니다. 대부분의 이혼이 자기중심적 사고와 행동에서 기인합니다. 우리가 명심할 것은 개인의 이기적인 행복이 결코 결혼을 통해 성취되지 않는다는 사실입니다. 자기중심적인 두 사람이 만나면 갈등이 있을 수밖에 없고, 어려운 현실에 짓눌릴 수밖에 없습니다.

오늘날 많은 젊은이들이 결혼을 꺼립니다. 결혼이라는 굴레에 메이지 않고 편하게 살고 싶어 합니다. 혹 결혼하더라도 자녀는 원치 않습니다. 자녀양육을 위한 희생을 무가치하게 여기기 때문입니다. 결혼이든 이혼이든 그 배후에는 이기적인 자기애가 자리 잡고 있습니다. 결혼생활에서 겪는 돈 문제, 인척 문제, 양육 문제, 성격 문제 등은 자기를 부인하지 않고는 극복할 수 없습니다. 자기중심성은 이혼을 부추기나 자기 부인은 결혼생활을 견고케 합니다.

둘째, 결혼과 이혼에 대한 잘못된 가르침을 거부해야 합니다! 태초에 하나님은 결혼을 거룩한 제도로 제정하셨습니다. 그런데 지금은 결혼을 자기 행복과 성공의 기회로 삼는 풍조가 팽배합니다. 우리는 이혼을 조장하고 불행을 부채질하는 이 세상 풍조를 강하게 거부해야 합니다.

예수님 당시 바리새인들은 신명기 24장 1-4절 말씀을 근거로 이혼하고 싶으면 아내에게 이혼 증서를 주어 내보내면 된다고 가르쳤습니다. 하지만 이는 모세의 메시지를 잘못 이해한 것입니다. 모세는 아내들이 남편의 폭력과 폭압에 비참한 생활을 하는 것을 알았습니다. 이혼 증서를 받지 못하면 여자가 부랑인이 되어 생계가 위협받을 것을 알았습니다. 이혼을 허용하지 않으면 간음이 팽배할 것을 알았습니다. 그래서 이혼보다 더 악한 상황을 통제하기 위하여 이혼을 허용했던 것입니다.

바리새인들은 이혼을 자기 권리로 주장하고 아내를 재산의 일부로 여겼습니다. 심지어 아내가 음식을 태워도 이혼했습니다. 그들은 자신들의 이기적인 욕망을 충족하기 위해 아내를 이용했습니다. 이혼에 대한 모세의 메시지를 여호와의 명령으로 간주했습니다. 사소한 이유로 아내에게 이혼 증서 한 장 써주면서 하나님의 명령에 순종한다고 믿었습니다. 그러나 이혼은 하나님의 명령도, 개인의 권리도 아닙니다.

하나님께서는 결혼은 사랑하시고 이혼은 미워하십니다. 하나님의 백성인 우리 역시 결혼을 사랑하고 이혼을 미워해야 합니다. 때론 이혼 외에 아무 길이 없는 듯 느껴질 때도 있습니다. 그럼에도 참된 제자인 우리는 내 감정에 앞서 예수님의 희생적인 십자가 사랑을 기억해야 합니다. 그 사랑으로 배우자를 사랑하면 가정을 지킬 힘을 주실 것입니다.

ㅣ　ㅣ　ㅣ

적용나눔

· 자기만족과 행복을 위해 결혼하면 왜 행복하지 않을까요? 부부가 서로의 행복을 위해 자기를 부인하기 시작하면 어떤 변화가 생길까요?

· 모세는 당시에 왜 이혼을 허용했고 바리새인들은 그 메시지를 어떻게 왜곡했나요?

· 가정을 지키려면 그리스도의 십자가 사랑을 배워야 합니다. 그렇다면 그 사랑이 어떻게 이혼의 유혹을 극복하게 하는지 나누어 보세요.

감사나눔
♡ 다 함께 감사와 기도제목을 나누고 한 주간 기도해요!

_____

_____

_____

마침기도
🖐 사랑의 하나님, 오늘 말씀을 통하여 이혼으로 많은 가정들이 깨지고 고통당하는 것을 바라보시는 하나님의 마음이 얼마나 아프실까 헤아려 봅니다. 주님, 세상 사람들이 결혼을 귀히 여기게 해 주시고, 모든 가정을 이혼의 유혹으로부터 지켜 주세요. 저희 부부가 그리스도의 사랑으로 서로를 존중하고 신뢰하며 사랑할 수 있도록 붙들어 주세요.

주기도문 가정예배를 마친 후, 서로 "사랑해요, 축복해요"라고 나눕니다.

19주 성경적 결혼생활을 하는 가정되길 원합니다

시작기도　은혜로우신 하나님, 저희를 한 가족으로 불러 주셔서 감사합니다. 오직 주님만이 저희 가정의 주권자이심을 고백하며 이 시간 주께로부터 오는 행복과 기쁨을 누리길 원합니다.

말씀배움　마태복음 5장 31-32절을 함께 읽습니다.

[31]또 일렀으되 누구든지 아내를 버리려거든 이혼 증서를 줄 것이라 하였으나 [32]나는 너희에게 이르노니 누구든지 음행한 이유 없이 아내를 버리면 이는 그로 간음하게 함이요 또 누구든지 버림받은 여자에게 장가 드는 자도 간음함이니라.

ı ı ı

결혼생활에 대한 하나님의 뜻과 말씀을
바르게 알아야 합니다

어떤 부부가 식당에서 만나기로 약속했습니다. 먼저 도착한 남편은 자신이 좋아하는 음식을 주문해서 먹고 아내가 도착하자 자신은 다 먹었으니 먼저 간다고 말하고 식당을 나갔습니다. 아내는 자신을 두고 떠난 남편에게 분노한 나머지 이렇게 이기적인 사람과 평생 사느니 지금 헤어지는 것이 낫다고 마음을 굳히고 이혼을 했습니다. 이 부부의 이혼에 대하여 사람마다 의견이 분분합니다. 그러나 예수님은 이혼이 잘못되었다고 분명히 말씀하십니다.

오늘날 결혼과 이혼을 너무 가볍게 여기는 경향이 있습니다. 크리스천들도 이에 영향을 받아 성도와 비성도의 이혼율이 대동소이합니다. 우리가 이혼의 위기를 극복하고 결혼생활에 충실하려면 결혼과 이혼에 대한 하나님의 말씀을 따라야 합니다.

예수님은 마태복음 19장 4-6절에서 결혼에 대한 하나님의 의도를 다음과 같이 설명하십니다: "사람을 지으신 이가 본래 그들을 남자와 여자로 지으시고 말씀하시기를 그러므로 사람이 그 부모를 떠나서 아내에게 합하여 그 둘이 한 몸이 될지니라 하신 것을 읽지 못하였느냐 그런즉 이제 둘이 아니요 한 몸이니 그러므로 하나님이 짝지어 주신 것을 사람이 나누지 못할지니라."

한 남자와 한 여자가 부모를 떠나서 둘이 한 몸이 되는 것이 결혼입니다. 결혼을 통하여 더 이상 둘이 아닌 하나가 되는 것입니다. 부부는 수학적으로는 둘이나 성경적으로는 하나입니다. 그리고 부부관계는 부모나 자녀와의 관계보다 우선합니다. 부부는 하나님 앞에서 한 몸이 되는 언약의 관계에 있기 때문입니다. 그 언약은 신성하여 사람이 함부로 깨서는 안 됩니다.

인간관계에서 가장 친밀하고 밀접한 관계가 바로 부부관계입니다. 성경은 그리스도와 교회와의 관계를 부부의 언약 관계에 비유합니다. 그리스도와 교회의 관계가 나뉠 수 없듯 부부 관계도 그러합니다.

동성 간의 결혼이나 일부다처제 혹은 일처다부제는 하나님의 뜻이 아닙니다. 이혼도 하나님이 의도하신 것이 아닙니다. 이혼은 한 몸의 연합을 깨는 것입니다. 간음도 한 몸의 연합을 깨는 죄입니다. 구약에서 불륜을 범한 자는 죽음에 처했고, 남은 결백한 배우자는 재혼을 할 수 있도록 허용했습니다. 그 이유는 극한 상황에서 고통 받는 결백한 배우자를 보호하기 위함이었습니다. 우리는 결혼과 이혼을 하나님의 마음과 말씀에 비추어 잘 이해해야 합니다.

부부는 한 몸의 원리를 결혼생활을 통하여 실천하며 이루어가는 평생의 과정에 있습니다. 서로의 성격적 결함을 참고 실수를 용서해야 합니다. 비판을 받아들이고 두려움과 거절당함에 대한 느낌을 함께 나누어야 합니다. 고통과 시련을 함께 헤쳐나가야 합니다. 부부는 자기를 부인하며 상대를 사랑으로 용납할 때에 한 몸 됨을 지켜나갈 수 있습니다. 불완전한 부부가 그리스도의 사랑을 의지하여 가정을 세워 가는 것이 바로 결혼입니다.

│ │ │

적용나눔 · 연예인들의 이혼이 가십처럼 유행합니다. 이러한 풍
조가 사회에 어떤 악영향을 준다고 생각하나요?
· 하나님은 어떤 경우에 이혼을 허용하셨고 이를 허용
하신 이유는 무엇인가요?
· 한 몸 됨의 원리에 충실한 부부관계는 자녀들에게 어
떤 영향을 끼칠까요?

감사나눔 다 함께 감사와 기도제목을 나누고 한 주간 기도해요!

_____

_____

_____

마침기도 은혜로우신 하나님, 결혼을 경시하고 이혼을 미화하는 세대 가
운데 저희 가정이 세상의 타락한 풍습을 따르지 않도록 마음과
생각을 지켜 주세요. 하나님의 사랑으로 서로를 사랑하고 세우
도록 도와주세요. 저희 가정이 모든 위기를 인내와 사랑으로
잘 극복할 수 있도록 크신 은혜를 내려 주세요.

주기도문 가정예배를 마친 후, 서로 "사랑해요, 축복해요"라고 나눕니다.

진실하게 말하는 가정되길 원합니다

20주

찬양 ♪ 찬송가 212장 겸손히 주를 섬길 때

시작기도 🤚 진실하신 하나님, 저희 가정이 주님의 이름을 기쁘게 부르며
예배할 수 있도록 인도해 주셔서 감사합니다. 저희 마음의 눈
을 열어 주의 아름다움을 보게 해 주시고 주의 진리를 깨닫게
해 주세요.

말씀배움 📄 마태복음 5장 33-37절을 함께 읽습니다.
³³또 옛 사람에게 말한 바 헛맹세를 하지 말고 네 맹세한 것을 주
께 지키라 하였다는 것을 너희가 들었으나 ³⁴나는 너희에게 이르
노니 도무지 맹세하지 말지니 하늘로도 하지 말라 이는 하나님
의 보좌임이요 ³⁵땅으로도 하지 말라 이는 하나님의 발등상임이
요 예루살렘으로도 하지 말라 이는 큰 임금의 성임이요 ³⁶네 머
리로도 하지 말라 이는 네가 한 터럭도 희고 검게 할 수 없음이
라 ³⁷오직 너희 말은 옳다 옳다, 아니라 아니라 하라 이에서 지나
는 것은 악으로부터 나느니라.

| | |

우리는 자기 영광을 버리고
사랑으로 진실을 말해야 합니다

죽고 사는 것이 혀의 힘에 달려 있습니다(잠 18:21). 그만큼 말의
영향력이 강함을 의미합니다. 그런데 이 세상은 참과 거짓에

상관없이 이기기만 하면 된다는 풍조가 팽배합니다. 본문말씀에서 예수님은 거짓 맹세를 금하시며 진실 된 말을 할 것을 권고하십니다. 오늘 우리는 성경적으로 바른 말을 사용하는 것이 무엇인지 함께 살펴보겠습니다.

첫째, 자기 영광을 뽐내려고 하는 말은 잘못된 언어 사용입니다!
맹세는 자신의 말이나 약속이 확실함을 상대에게 확신시키기 위해 하는 것입니다. 그런데 바리새인들은 일상생활에서 맹세를 남용하고 오용했습니다. 그들은 "네 하나님 여호와의 이름을 망령되이 일컫지 말라"는 명령을 표면적으로 지키기 위해 하나님과 관련된 하늘, 땅, 예루살렘, 성전, 제단 등을 들어서 맹세했습니다(마 23:16-22). 이런 맹세는 하나님의 이름으로 한 것이 아니기에 지키지 않아도 되었기 때문입니다. 실상 그들은 자신의 의로움과 위대함을 과시하려고 맹세한 것이었습니다.

약속은 관계를 돈독하게 할 수도 있고 깰 수도 있습니다. 약속을 깨면 신뢰가 깨지거나 관계에 금이 가기도 합니다. 지키지 못할 약속을 남발하여 상대의 마음을 사려고 하는 것 역시 잘못입니다. 약속 자체가 잘못된 것이 아니라 약속을 잘못 사용하는 것이 잘못입니다. 하나님도 맹세로 그분의 약속을 확증하셨습니다. 우리의 믿음을 돕기 위해서 말입니다.

바리새인들은 맹세라는 경건한 말로 자신을 포장했습니다. 이는 상대를 속이는 것과 같습니다. 거짓되고 과장된 말, 자기 의를 자랑하는 말, 남의 탓으로 돌리는 말 등은 말의 거룩성을 범하는 죄입니다. 또한 이러한 말은 서로의 관계를 위한 것이 아니라 자기를 위한 도구에 불과합니다.

둘째, 사랑으로 진실을 말하는 것이 바른 언어 사용입니다(엡 4:15,25)! 예수님은 "예"는 "예"로 "아니요"는 "아니요"로 말하라고 명하십니다. 이는 단순하고 명료하며 진실된 말을 하라는 것입니다. 애매모호하고 장황하며 거짓된 말을 하지 말라는 것입니다. 물론 때때로 진실은 상처가 될 수도 있습니다. 그러나 진실이 사랑과 함께 하면 그 상처는 치유될 수 있습니다.

말의 내용도 중요하지만 전달 방법도 중요합니다. 우리는 비난하는 태도나 정죄하는 태도로 진실을 말하지 말아야 합니다. 사랑으로 진실을 겸손하게 말하는 것이 상처를 치유하고 관계를 결속시킵니다.

부부 관계, 부모-자식 관계, 이웃 관계, 교우 관계를 잘 세우려면 말을 잘 사용해야 합니다. 더러운 말은 피하고 덕을 세우는 데 필요한 선한 말을 해야 합니다(엡 4:29). 안부를 묻는 말, 이해하는 말, 위로하는 말, 격려하는 말, 희망적인 말, 칭찬하는 말, 믿음을 북돋아주는 말, 은혜를 끼치는 말에는 나도 살리고 상대도 살리는 힘이 있습니다. 복된 말은 상처 입은 관계를 치유하고 공동체를 견고케 하여 보다 나은 세상을 만듭니다.

ㅣ ㅣ ㅣ

적용나눔 · 상대를 설득하거나 믿게 하기 위해 하나님의 이름을 거론한 적이 있나요? 왜 그렇게 말하는 것이 잘못된 것인지 나누어 보세요.

· 우리는 자기를 과시하고 싶을 때에 맹세하거나 과장할 때가 많습니다. 상대가 허풍을 떨며 자기 자랑을 할 때, 기분이 어떤가요?

· 우리 가정은 말을 통하여 관계가 세워지고 있나요, 아니면 깨지고 있나요? 어떤 말이 관계를 돈독하게 하고 신뢰와 사랑을 불러일으킬 수 있는지 나누어 보세요.

감사나눔 다 함께 감사와 기도제목을 나누고 한 주간 기도해요!

_____

_____

_____

마침기도 진실하신 하나님, 저희가 말로써 상처를 주고 관계를 어렵게 한 적이 얼마나 많았는지 돌아보며 회개합니다. 저희 죄를 용서해 주시고 저희로 인해 상처 받은 이들을 치유해 주세요. 저희가 거짓, 허풍, 과장, 화려한 말로 저희 자신을 치장하지 않고 저희 가정에서부터 먼저 서로 사랑으로 진실된 말을 하도록 도와주세요.

주기도문 가정예배를 마친 후, 서로 "사랑해요, 축복해요"라고 나눕니다.

거룩한 언어로 말하는 가정되길 원합니다

찬양 🎵   찬송가 35장 큰 영화로신 주

시작기도   좋으신 하나님, 오늘도 저희 삶을 인도해 주셔서 감사합니다. 저
희가 언제나 주를 예배하는 시간을 최우선순위로 두고 살아가
도록 은총을 내려 주세요. 저희 가정예배가 하나님께는 영광이
요 저희에게는 기쁨이 되게 해 주세요.

말씀배움   마태복음 5장 33-37절을 함께 읽습니다.

ᵃᵃ³³또 옛 사람에게 말한 바 헛맹세를 하지 말고 네 맹세한 것을 주
께 지키라 하였다는 것을 너희가 들었으나 ³⁴나는 너희에게 이르
노니 도무지 맹세하지 말지니 하늘로도 하지 말라 이는 하나님
의 보좌임이요 ³⁵땅으로도 하지 말라 이는 하나님의 발등상임이
요 예루살렘으로도 하지 말라 이는 큰 임금의 성임이요 ³⁶네 머
리로도 하지 말라 이는 네가 한 터럭도 희고 검게 할 수 없음이
라 ³⁷오직 너희 말은 옳다 옳다, 아니라 아니라 하라 이에서 지나
는 것은 악으로부터 나느니라.

| | |

하나님은 진실하신 분이므로
우리는 그분의 영광을 위하여 진실하게 말해야 합니다

일상에서 빠질 수 없는 것이 '말'입니다. 우리는 숨 쉬듯 말하
며 살아갑니다. 그런데 개인적, 사회적 갈등의 대부분이 바로

말에서 촉발됩니다. 그러기에 바른 말 사용은 아무리 강조해도 지나치지 않습니다. 성도에게 바른 말 사용의 궁극적인 목적은 '하나님의 영광'을 위해서입니다. 오늘 우리는 하나님께 영광이 되는 말을 어떻게 할 수 있을지 함께 살펴보겠습니다.

먼저, 말의 문제는 마음의 문제임을 이해해야 합니다. 영어성경에서는 원어를 반영하여 본문말씀의 '악'(37절)을 'the evil one'으로 번역합니다. 이것은 거짓의 아비인 사탄 또는 마음의 악으로 볼 수 있는데, 여기에서 우리는 마음의 악과 언어가 연결되어 있음을 알 수 있습니다. 우리는 진실 되고 명확하게 "예" 또는 "아니오"로 말해야 합니다. 그 이상의 말은 악한 마음에서 나오는 사탄의 언어를 따르는 것입니다.

우리는 마음에 있는 것을 말로 표현합니다. 마음에 가득한 것이 입을 통하여 흘러나오는 것입니다. 예수님은 이렇게 말씀하십니다: "입에서 나오는 것들은 마음에서 나오나니 이것이야 말로 사람을 더럽게 하느니라 마음에서 나오는 것은 악한 생각과 살인과 간음과 음란과 도적질과 거짓 증언과 비방이니"(마 15:18-19). 우리가 말을 통제하기 위해서는 먼저 마음을 통제해야 합니다. 다음은 잠언 4장 23절 말씀입니다: "모든 지킬 만한 것 중에 더욱 네 마음을 지키라 생명의 근원이 이에서 남이니라." 말싸움은 결국 대화기술의 부족보다는 마음의 갈등으로 인한 것입니다.

말을 절제하기 힘든 이유는 마음에 베인 습관이 근본 원인입

니다. 이에 대한 해답은 '그리스도의 복음'에 있습니다. 하나님은 마음의 죄성으로 인하여 죄와 사망에 매여 있는 이들에게 복음을 들려주십니다. 그분의 말씀으로 죄인들과 소통하십니다. 우리는 죄를 용서받기 위하여 죽으시고 부활하신 하나님의 아들 예수 그리스도를 구주로 믿고 마음에 영접해야 합니다. 그때 하나님은 우리에게 새로운 성품과 새로운 마음을 주십니다. 거듭난 마음을 가진 사람은 늘 마음의 죄를 회개하고 죄와 싸웁니다. 자기중심적인 말을 하나님과 이웃을 사랑하는 말로 변화시켜 갑니다.

일상의 언어생활에 변화를 경험하려면 늘 삼위(성부 성자 성령) **하나님을 의지해야 합니다.** 이를 위하여 첫째, 매일 예수님의 보혈로 마음을 정결케 해야 합니다. 정결케 하시는 보혈의 능력을 의지하여 마음의 허영과 입술의 거짓을 회개해야 합니다. 둘째, 매일 하나님의 말씀으로 마음을 새롭게 해야 합니다. 마음을 진리의 말씀으로 채우고 하나님의 사랑을 의지할 때, 영혼에 새로움을 경험하게 됩니다. 셋째, 매일 성령의 능력으로 마음을 굳게 해야 합니다. 성령의 임재를 의지할 때, 마음과 입술을 통제하는 절제의 열매를 맺을 수 있습니다. 날마다 마음이 새롭게 되어 새 사람의 성품을 입고 살아갈 때에 비로소 우리의 말은 하나님과 이웃을 사랑하며 그분께 영광을 돌리게 될 것입니다(엡 4:23-24).

｜ ｜ ｜

적용나눔 · 말실수로 인해 아픔을 경험한 적 있나요? 그 일을 통
해 깨달은 것이 있다면 나누어 보세요.
· 말할 때마다 '내가 무엇을 위해 이 말을 하는지' 생각
하나요? 하나님의 영광을 위한 일상의 언어란 무엇일
지 생각해 보세요.
· 나쁜 언어습관을 고치기 위해 노력하고 있나요? 바른
언어생활을 위해 삼위 하나님을 어떻게 의지하고 있
는지 나누어 보세요.

감사나눔 다 함께 감사와 기도제목을 나누고 한 주간 기도해요!

_____

_____

_____

마침기도 좋으신 하나님, 저희는 마음의 타락이 언어의 타락으로 이어
지는 것을 매일 경험하면서 살아가고 있습니다. 때론 그럴듯한
말로 저희 안에 흉측한 마음을 숨기기도 합니다. 하나님, 저희
의 진실하지 못한 마음과 언어 사용을 용서해 주세요. 매순간
'이렇게 말하는 것이 하나님께 영광이 될까'라고 묻는 습관을
갖게 해 주세요.

주기도문 가정예배를 마친 후, 서로 "사랑해요, 축복해요"라고 나눕니다.

보복하지 않는 가정되길 원합니다

찬양 ♪ 찬송가 218장 네 맘과 정성을 다하여서

시작기도 자비로우신 하나님, 오늘도 변함없이 저희 가정에 베풀어 주신 사랑과 은혜에 감사합니다. 이 시간 저희가 간절히 주님을 찾고 온 마음을 다해, 그리고 한 마음으로 예배하게 해 주세요.

말씀배움 마태복음 5장 38-42절을 함께 읽습니다.

³⁸또 눈은 눈으로, 이는 이로 갚으라 하였다는 것을 너희가 들었으나 ³⁹나는 너희에게 이르노니 악한 자를 대적하지 말라 누구든지 네 오른편 뺨을 치거든 왼편도 돌려 대며 ⁴⁰또 너를 고발하여 속옷을 가지고자 하는 자에게 겉옷까지도 가지게 하며 ⁴¹또 누구든지 너로 억지로 오 리를 가게 하거든 그 사람과 십 리를 동행하고 ⁴²네게 구하는 자에게 주며 네게 꾸고자 하는 자에게 거절하지 말라.

ㅣ ㅣ ㅣ

하나님은 사랑이시기에
그분의 사랑으로 보복을 극복해야 합니다

두 아이가 싸우던 중 한 아이가 상대 아이를 물었습니다. 그러자 물린 아이가 울면서 자기를 문 아이를 똑같이 물었습니다. 이처럼 아이들은 배우지 않아도 한 번 물리면 한 번 무는 것이 공평하다고 생각합니다. 복수는 인간의 본능이기 때문입니다.

세상은 보복을 묵인하나 예수님은 보복을 '죄'라고 하십니다. 보복은 보복을 낳으나 예수님은 하나님의 사랑으로 보복을 극복하라고 명하십니다. 그 이유는 하나님은 사랑이시기 때문입니다. 오늘 우리는 어떻게 보복을 극복할지 함께 살펴보겠습니다.

첫째, 보복을 자신의 권리로 정당화하지 말아야 합니다! 유대인들은 "눈에는 눈으로, 이에는 이로 갚으라"는 말씀을 토대로 (출 21:24 ; 레 24:20 ; 신 19:21) 누군가가 자신을 때리면 자신도 똑같이 때리는 것을 자기 권리로 여겼습니다. 또한 이러한 권리 행사를 하나님의 명령에 순종하는 것이라고 믿었습니다.

그러나 예수님은 원수 갚는 것이 권리가 아님을 분명히 말씀하십니다. 하나님께서 '동등한 보복법'을 제정하신 이유는 피의 보복의 악순환을 끊으시기 위함이었습니다. '복수 본능'은 동등한 보복을 초월하여 상대에게 내가 당한 것보다 더 크게 앙갚음하려 하기에 이러한 본능을 통제하려는 것이 목적이었습니다. 그런데 바리새인들은 하나님의 뜻을 무시한 채 보복을 권리로 정당화했습니다.

우리는 내게 해를 입히고 상처 준 사람에게 본능적으로 내가 받은 만큼 돌려주려고 합니다. 그러나 복수는 하나님의 뜻이 아닙니다. 보복의 욕망이 마음을 장악하면 복수심의 노예가 되고 맙니다. 보복은 상대를 죽이기 전에 먼저 나 자신을 죽인다는 것을 명심해야 합니다.

둘째, 보복하는 것을 권위자에게 맡겨야 합니다! 우리는 해를 입힌 악한 자를 대적하지 말고 그 문제를 권위자에게 맡겨야 합니다. 바울은 이렇게 권면합니다: "내 사랑하는 자들아 너희가 친히 원수를 갚지 말고 하나님의 진노하심에 맡기라 기록되었으되 원수 갚는 것이 내게 있으니 내가 갚으리라고 주께서 말씀하시니라"(롬 12:19).

우리는 보복의 문제를 스스로 해결하려 하지 말고 하나님이 세우신 국가의 권위자, 곧 법 집행자에게 맡겨야 합니다. 누구보다 최고의 권위자이신 하나님께 원수 갚는 문제를 맡겨야 합니다. 스스로 해결하려는 것은 문제를 더 악화시키고 피의 보복의 악순환을 거듭할 뿐이며 스스로 복수하려는 것은 하나님의 권세를 빼앗으려는 것과 같습니다.

셋째, 보복을 사랑으로 초월해야 합니다! 복수가 아닌 사랑으로 용서하는 것이 진정으로 승리하는 길입니다. 우리는 사랑으로 복수 본능을 초월할 때에야 비로소 승리자만이 만끽할 수 있는 기쁨을 누릴 수 있습니다. 사랑은 복수의 치명적인 독을 치유하는 최상의 해독제입니다.

예수님은 우리 죄를 사하시기 위하여 자신의 모든 피를 흘리시므로 하나님과 우리의 원수 됨을 끝내셨습니다. 우리로 하나님의 사랑 받는 자녀가 되게 하셨습니다. 그 십자가의 사랑이 피의 복수를 끝내고 화목을 이루는 길입니다.

l l l

적용나눔 · 지금까지 "눈에는 눈으로, 이에는 이로 갚으라"는 말
     씀을 어떻게 이해하고 있었나요? 보복을 정당화하기
위해 이 말씀을 사용한 적은 없나요?

· 복수 본능이 꿈틀거릴 때, 마음의 상태가 어떠했나
요? 내게 모욕과 상처를 준 사람에게 똑같이 되갚은
적 있나요?

· 보복하고 싶은 마음을 어떻게 극복하나요? 보복을 하
나님께 맡기고 평화를 느낀 적 있다면 나누어 보세요.

감사나눔 다 함께 감사와 기도제목을 나누고 한 주간 기도해요!

_____

_____

_____

마침기도 자비로우신 하나님, 서로에게 상처 주고 보복하는 이 세상 풍
조를 거스르고 십자가 사랑을 본받아 살아가길 원합니다. 저희
가 복수 본능에 충실하지 않고 하나님의 사랑과 용서를 선택할
수 있도록 힘을 주세요. 가족 간에, 친구 간에 사랑으로 화목하
게 하는 자가 되게 해 주세요.

주기도문 가정예배를 마친 후, 서로 "사랑해요, 축복해요"라고 나눕니다.

사랑으로 참아내는 가정되길 원합니다

찬양 ♪ 찬송가 310장 아 하나님의 은혜로

시작기도 사랑의 하나님, 한 주간 주님의 말씀을 붙들고 살아가게 해 주셔서 감사합니다. 이 시간 저희가 영과 진리로 예배드리며 하늘의 기쁨을 누리게 해 주세요.

말씀배움 마태복음 5장 38-42절을 함께 읽습니다.
[38]또 눈은 눈으로, 이는 이로 갚으라 하였다는 것을 너희가 들었으나 [39]나는 너희에게 이르노니 악한 자를 대적하지 말라 누구든지 네 오른편 뺨을 치거든 왼편도 돌려 대며 [40]또 너를 고발하여 속옷을 가지고자 하는 자에게 겉옷까지도 가지게 하며 [41]또 누구든지 너로 억지로 오 리를 가게 하거든 그 사람과 십 리를 동행하고 [42]네게 구하는 자에게 주며 네게 꾸고자 하는 자에게 거절하지 말라.

l   l   l

모욕을 당할 때에
하나님의 사랑으로 끝까지 견뎌야 합니다

"눈에는 눈으로, 이에는 이로 갚으라"가 내게 상처나 해를 입힌 사람을 대하는 세상의 방법입니다. 받은 만큼 돌려주는 것이 당연하고 공평한 것 같지만 예수님은 우리가 그것을 초월하여 사랑으로 행하길 원하십니다. 세상이 공평하다고 여기는 보복을 초월하는 것이 바로 하나님의 사랑입니다.

하나님은 그분의 공의로운 법을 어긴 우리에게 보복하지 않으시고 우리를 사랑하사 독생자를 주셨습니다. 이 놀라운 사랑이 우리가 육신적으로 행할 수 없는 것을 행할 수 있게 하는 근거와 힘을 줍니다. 예수님은 이에 대하여 네 가지 예를 들어 설명하시는데, 오늘 우리는 그 첫 번째에 대하여 함께 살펴보겠습니다.

예수님은 "네 오른편 뺨을 치거든 왼편도 돌려 대며"라고 말씀하십니다. 나를 모욕하는 악한 자를 대적하지도, 동일하게 보복하지도 말고 참으라고 하십니다. 여기서 뺨을 친다는 것은 손바닥으로 치는 것이 아닌 손등으로 치는 것을 의미합니다. 이는 신체에 해를 주기보다 상대를 가장 멸시하는 행동입니다. 하나님의 형상으로 지음 받은 존귀한 존재에게 이렇게 하는 것은 사람 이하, 짐승 취급을 하는 것입니다.

우리는 외적 시련이나 고통은 어느 정도 훈련이 되어 참아낼 수 있습니다. 그런데 멸시나 모욕은 참기가 쉽지 않습니다. 즉시로 분노하며 상대를 가격하는 것이 일반적입니다.

그러나 예수님은 "왼편 뺨도 돌려 대라"고 말씀하십니다. 참으로 이해하기 어렵고 순종이 불가능해 보이는 명령입니다. 솔직히 그대로 순종하는 크리스천이 얼마나 있겠습니까! 오른편 뺨을 맞은 것만 참으라 하시면 참겠는데, 왼편까지 돌려 대는 것은 왠지 아닌 것 같습니다.

**도대체 왜 예수님은 이렇게 명하셨을까요? 이는 내가 참을
수 있는 것보다 더 참으라는 의미입니다.** 상대의 모욕적 행동
에 우리의 반응이 좌지우지 되게 하지 말라는 것입니다. 오히
려 하나님의 사랑을 생각하면서 그 사랑으로 견디라는 것입니
다. 모멸감과 경멸감을 주어서 상처 주려는 상대에게 부끄러
움을 알게 하라는 것입니다. 참는 사랑을 통하여 그가 잘못하
고 있다는 것을 보여 주라는 것입니다. 어떤 모욕도 상처로 받
지 말고 마음에서 멀리 던져 버리라는 것입니다.

나를 모욕하는 사람을 하나님의 사랑으로 긍휼히 여기며 용서
하는 것만이 복수의 악순환을 끊을 수 있는 길, 새로운 관계를
시작할 수 있는 길입니다. 오직 하나님의 능하신 은혜만이 이
를 가능케 합니다. 하나님은 죽어 마땅한 죄인을 구원하시기
위하여 이 땅에 예수님을 보내셨습니다. 예수님은 죄인인 우
리를 대신하여 십자가에 못 박혀 돌아가셨습니다. 우리는 모
욕을 당할 때마다 제일 먼저 사랑의 십자가를 바라보아야 합
니다.

| | |

적용나눔 · 누군가에게 뺨을 맞고 모멸감을 느껴본 적 있나요? 만약 내게 이길 힘이 있다면 그에게 어떻게 하고 싶나요?

· 왜 오늘 말씀을 실천하기가 어렵다고 생각하나요? 이 말씀에서 예수님이 의도하신 참뜻은 무엇인가요?

· 모욕을 당하고 분노가 폭발하여 어려움을 당한 적 있나요? 그때 잘 참으려면 어떻게 해야 하는지 나누어 보세요.

감사나눔 다 함께 감사와 기도제목을 나누고 한 주간 기도해요!

_____

_____

_____

마침기도 사랑의 하나님, 저희는 작은 모욕에도 크게 상처 받고 세상이 떠나갈 듯 소리치며 분노했습니다. 가정 안에서도 자존심이 건드려지면 참지 못하고 폭발했습니다. 이러한 저희를 불쌍히 여겨 주시고 용서해 주세요. 주님께서 저희를 참아 주신 것처럼 저희도 참을 수 있도록 힘을 주세요. 저희가 십자가의 사랑을 뜨겁게 경험하게 해 주세요.

주기도문 가정예배를 마친 후, 서로 "사랑해요, 축복해요"라고 나눕니다.

보복을 극복하는 가정되길 원합니다

찬양 ♪ 찬송가 292장 주 없이 살 수 없네

시작기도 사랑의 하나님, 그리스도 안에서 크신 구원을 베풀어 주셔서
감사합니다. 이 시간 예배하기 위하여 모인 저희의 눈을 열어
주의 거룩하심을 보게 해 주세요. 이곳에 함께 하셔서 모든 존
귀와 영광을 받아 주세요.

말씀배움 마태복음 5장 38-42절을 함께 읽습니다.

³⁸또 눈은 눈으로, 이는 이로 갚으라 하였다는 것을 너희가 들었
으나 ³⁹나는 너희에게 이르노니 악한 자를 대적하지 말라 누구든
지 네 오른편 뺨을 치거든 왼편도 돌려 대며 ⁴⁰또 너를 고발하여
속옷을 가지고자 하는 자에게 겉옷까지도 가지게 하며 ⁴¹또 누구
든지 너로 억지로 오 리를 가게 하거든 그 사람과 십 리를 동행
하고 ⁴²네게 구하는 자에게 주며 네게 꾸고자 하는 자에게 거절
하지 말라.

| | | |

보복을 극복하는 사랑이 우리 안에 있어야 합니다

우리에게는 모두와 평화롭게 살고픈 소원이 있습니다. 하지만
모두와 화평하기란 쉽지 않습니다. 나를 적대시하고 해하려는
사람들이 있기 때문입니다. 살아가면서 그들과의 관계는 신앙
에 도전이 아닐 수 없습니다. 예수님은 수치, 위협, 손해를 당

하더라도 사랑으로 우리 안에 보복하려는 욕망을 극복하라고 명하십니다. 오늘 우리는 본문 40절 말씀을 주목해 보면서 보복을 극복하는 사랑에 대하여 함께 살펴보겠습니다.

첫째, 보복을 극복하는 사랑은 요구 이상을 하는 것입니다! '너를 고발하여 속옷을 가지고자 하는 자'는 법대로 고소하여 상대방의 소유를 취하려 하는 자입니다. 겉으로는 법대로 행하는 것 같지만, 마음에는 상대의 것을 빼앗으려는 탐심이 있습니다. 법에 명시된 자신의 권리를 행사한다고 하지만, 상대를 해하려는 의도가 있습니다.

상대가 이렇게 법에 따라 응당한 요구를 할 때, 우리는 그 이상을 할 마음으로 보복의 욕망을 물리쳐야 합니다. 속옷뿐만 아니라 겉옷까지 내어주는 사랑으로 그 욕망을 다스려야 합니다. 속옷을 빼앗겼으니 후에 내 속옷뿐만 아니라 원수의 속옷까지 취하겠다는 마음을 내려놓아야 합니다.

둘째, 보복을 극복하는 사랑은 자기 권리를 포기하는 것입니다! 구약시대에는 가난한 자에게 돈을 빌려 주면서 담보로 겉옷을 취하면 해가 지기 전에 돌려주어야 했습니다(출 22:25-27). 가난한 자에게 겉옷은 재산의 전부일 수 있고 추운 밤을 따뜻하게 지낼 이불과도 같은 것이었기 때문입니다. 즉, 가난한 사람은 겉옷에 대한 소유권을 하나님으로부터 보장 받았습니다.

내게 보장된 이런 권리마저 포기하는 사랑은 원수 갚는 것을 멈추게 합니다. 복수는 아무것도 변화시키지 못하나 사랑은 원수의 마음까지도 변화시킵니다. 원수의 마음에 있는 악의를 제거하는 최고의 무기는 '사랑'입니다. 예수님의 십자가 사랑이 이를 증거합니다.

셋째, 보복을 극복하는 사랑은 내가 받은 수치와 모욕을 참는 것입니다! 40절 말씀을 따라 속옷을 주고 그 요구를 넘어 겉옷까지 주면 나체가 됩니다. 즉, 몸의 부끄러운 부분을 가릴 수 있는 것을 포기하겠다는 것입니다. 수치와 모욕을 감내하겠다는 것입니다. 원수가 주는 수치, 모욕, 손해를 부끄럽게 여기지 않겠다는 것입니다. 이러한 행동은 원수를 긍휼히 여길 때에야 비로소 가능한 일입니다.

예수님은 입으셨던 옷을 다 빼앗기시고 십자가 위에서 벗은 몸으로 고난을 당하셨습니다. 그러나 그분을 욕하고 저주하는 자들에게 보복하지 않으시고, 오히려 아버지께 그들을 용서해 달라고 기도하셨습니다. 하나님은 죄로 원수 된 우리에게 보복하지 않으시고 사랑으로 구원해 주셨습니다. 우리가 사랑으로 보복을 멈추어야 하는 이유가 바로 여기에 있습니다!

| | |

적용나눔 · 왜 상대방의 요구 이상을 하는 것이 어려울까요? 요
 구 이상을 할 때에 얻는 유익은 무엇인가요?

· "복수는 복수를 낳지만 사랑은 복수의 악순환을 끊는
다"는 말에 동의하나요? 평소 보복하고 싶은 마음이
끓어오를 때, 어떻게 반응하나요?

· 가족 간에 "이건 내 거야. 내 것까지 탐내지 마!"라고
한 적 있나요? 내 권리를 주장하기보다 포기하는 것
이 어떻게 대립적 관계를 해결하는데 도움이 되는지
나누어 보세요.

감사나눔 다 함께 감사와 기도제목을 나누고 한 주간 기도해요!

_____

_____

_____

마침기도 사랑의 하나님, 저희에게는 속옷을 원하는 자에게 겉옷까지
줄 마음이 없습니다. 조금만 손해를 보고 모욕을 당하면 되갚
아 주고 싶습니다. 그러나 이제는 저희를 위하여 겉옷과 속옷
을 모두 빼앗기신 예수님을 묵상하며 그 사랑을 배우리라 결단
합니다. 저희 가정이 사랑으로 보복의 욕망을 포기하고 관계의
평화를 누릴 수 있도록 은혜를 내려 주세요.

주기도문 가정예배를 마친 후, 서로 "사랑해요, 축복해요"라고 나눕니다.

자기 자신을 부인하는 가정되길 원합니다

찬양 ♪　찬송가 304장 그 크신 하나님의 사랑

시작기도　사랑의 하나님, 이 시간 저희 마음이 하늘의 평화로 가득 채워
지길 원합니다. 성령으로 충만케 하셔서 저희 모두가 하나님을
더욱 사랑하고 순종하게 해 주세요.

말씀배움　마태복음 5장 38-42절을 함께 읽습니다.

[38]또 눈은 눈으로, 이는 이로 갚으라 하였다는 것을 너희가 들었
으나 [39]나는 너희에게 이르노니 악한 자를 대적하지 말라 누구든
지 네 오른편 뺨을 치거든 왼편도 돌려 대며 [40]또 너를 고발하여
속옷을 가지고자 하는 자에게 겉옷까지도 가지게 하며 [41]또 누구
든지 너로 억지로 오 리를 가게 하거든 그 사람과 십 리를 동행
하고 [42]네게 구하는 자에게 주며 네게 꾸고자 하는 자에게 거절
하지 말라.

¦　¦　¦

복수의 욕망 앞에서
우리는 사랑에 빚진 자임을 늘 기억해야 합니다

원수 갚는 것이 권리로 행사되는 이 세상에서 자신의 권리
를 포기하면서까지 화해를 이루려 하는 사람은 별로 없습니
다. 우리가 복수의 악순환을 멈추길 원한다면 희생적 사랑이
필요합니다. 복수로 불타는 마음을 바꾸는 것은 사랑밖에 없

습니다. 오늘 우리는 복수의 독을 해독하는 예수님의 처방인 사랑에 대하여 함께 살펴보겠습니다.

첫째, 복수를 해독하는 사랑은 자기 이익을 포기하는 것입니다! 예수님 당시 로마 군인들은 속국인 이스라엘 백성에게 자기들의 짐을 지고 1마일(1.6km)을 가게 할 수 있었습니다. 로마 군인들이 무력으로 무거운 짐을 지워 1마일을 가게 하는 것은 이스라엘 사람들의 시간과 노동, 곧 돈을 손해 보게 하는 것이었습니다. 그럼에도 예수님은 이로 인한 손실과 모욕을 해결하는 방법이 또 다른 1마일을 자원해서 가는 것이라고 처방하십니다. 자원하여 자기의 시간과 노동력을 요구 이상으로 제공하라는 것입니다.

우리가 자원하여 원수의 짐을 지고 가면, 원수에게 참된 제자가 어떤 사람인지 보여 주는 기회가 생길 수 있습니다. 원수를 주께로 인도하는 기회를 얻을 수도 있습니다. 우리는 모든 시간과 기회가 하나님의 섭리 아래 있다는 믿음으로 원수에 대한 미움을 극복하고 그를 변화시킬 수 있는 기회를 얻어야 합니다.

둘째, 복수를 해독하는 사랑은 탐심을 포기하는 것입니다! 하나님은 생존을 위해 필요한 것을 빌리려는 가난한 이웃을 외면하지 말고 구제하라고 하십니다(신 15:7-11). 이처럼 주는 것이 받는 것보다 복됩니다(행 20:35). 종종 재물에 대한 욕심은 이웃과 원수가 되게 합니다. 오늘날 고통을 주는 대부분의 문제도 돈을 사랑함에서 파생된 것이 많습니다(딤전 6:10).

세상 사람들은 자기 이익을 위하여 목숨을 걸고 싸웁니다. 그들의 관계는 질투, 미움, 멸시, 모욕으로 얼룩져 있습니다. 이러한 세상에서 따뜻한 온정과 평화를 맛보게 하는 것은 내 손을 펴서 구제하는 후한 마음입니다. 내 것을 기쁘게 나누는 것, 그것이 바로 원수 됨을 끝내고 화평을 이루는 길입니다.

셋째, 복수를 해독하는 사랑은 자기를 부인하는 것입니다! 내게 상처 준 사람에게 내 옷과 시간, 그리고 돈을 준다는 것은 자기를 부인하는 사랑 없인 절대 불가능한 일입니다. 그것은 원수가 사랑스러워서가 아닌, 사랑이 원수와 나를 치유하기에 가능한 일입니다.

예수님은 자기 자신을 화목제물로 주심으로 우리로 하나님과 화목하게 하시고 원수 된 것을 끝내셨습니다. 우리가 받은 그 사랑이 복수를 이기는 사랑이며 우리에게도, 원수에게도 필요한 사랑입니다. 오직 사랑만이 복수의 마음을 치유합니다. 우리는 하나님의 사랑에 빚 진 자임을 기억하면서 늘 사랑을 결단해야 합니다.

ㅣ ㅣ ㅣ

적용나눔 · 내 시간과 노동력을 착취하려는 사람에게 자발적으로 배나 주라는 예수님의 말씀을 어떻게 생각하나요? 왜 이 명령을 순종하는 것이 현실적으로 불가능해 보이나요?

· 내게 있어서 주는 기쁨과 받는 기쁨 중 어느 것이 더 큰가요? 누군가에게 줄 수 있는 마음의 여유와 주고 싶은 마음을 가진 것이 왜 복인지 나누어 보세요.

· 어떻게 자기 부인이 사랑이 될 수 있을까요? 이 시간 자기를 부인하는 사랑을 배울 수 있도록 주님께 간구하세요.

감사나눔 다 함께 감사와 기도제목을 나누고 한 주간 기도해요!

_____

_____

_____

마침기도 사랑의 하나님, 저희는 신경에 거슬리는 말 한마디에도 상대방을 원수처럼 대했고, 적대적인 관계를 만들기도 했습니다. 저희의 사랑 없음을 용서해 주시고, 저희를 긍휼히 여기사 예수님의 십자가 사랑을 더욱 알게 해 주세요. 세상에서 복수의 독을 해독하는 사랑의 가정으로 일으켜 주세요.

주기도문 가정예배를 마친 후, 서로 "사랑해요, 축복해요"라고 나눕니다.

원수를 사랑하는 가정되길 원합니다

찬양 🎵   찬송가 286장 주 예수님 내 맘에 오사

시작기도   사랑의 하나님, 저희를 있는 모습 그대로 사랑해 주셔서 감사
합니다. 저희에게 주신 예배의 자유가 예배의 기쁨이 되게 해
주세요. 이 시간 하나님의 말씀에 귀 기울이며 주의 임재를 경
험하게 해 주세요.

말씀배움   마태복음 5장 43-48절을 함께 읽습니다.

[43]또 네 이웃을 사랑하고 네 원수를 미워하라 하였다는 것을 너
희가 들었으나 [44]나는 너희에게 이르노니 너희 원수를 사랑하며
너희를 박해하는 자를 위하여 기도하라 [45]이같이 한즉 하늘에 계
신 너희 아버지의 아들이 되리니 이는 하나님이 그 해를 악인과
선인에게 비추시며 비를 의로운 자와 불의한 자에게 내려주심이
라 [46]너희가 너희를 사랑하는 자를 사랑하면 무슨 상이 있으리요
세리도 이같이 아니하느냐 [47]또 너희가 너희 형제에게만 문안하
면 남보다 더하는 것이 무엇이냐 이방인들도 이같이 아니하느냐
[48]그러므로 하늘에 계신 너희 아버지의 온전하심과 같이 너희도
온전하라.

| | |

하나님의 사랑을 본받아 우리도 사랑해야 합니다

하나님은 선인과 악인 모두에게 비를 내리시고 해를 비추어
주십니다. 이는 하나님의 보편적인 사랑입니다. 하나님은 우

리가 그분의 사랑을 배우고 실천하길 원하십니다. 오늘 우리는 어떻게 사랑을 실천할 수 있는지 함께 살펴보겠습니다.

무엇보다 자기중심적 사랑을 피해야 합니다. 예수님 당시 종교지도자들은 이웃을 동족 유대인으로만 국한시키고 이방인을 개 취급했습니다. 그들을 더럽게 여기고 교제하지도 않았습니다. 또한 세리는 매국노 취급을 했고 창기는 가증하게 여겨 피했습니다. 그들은 그렇게 하는 것이 거룩을 지키는 것이라고 믿었습니다.

그들은 "이웃을 네 몸처럼 사랑하라"는 계명에서 '네 몸처럼'을 빼고 자신들의 이익을 위하여 계명을 왜곡했습니다. 그것은 이기적인 자기애입니다. 상대를 사랑하는 척하면서 상대를 조정하고 자기를 위해 이용하는 것입니다. 자기중심적 사랑은 자기 존재감을 높이는 것에만 초점을 맞추므로 상대를 진정으로 사랑하는 것이 아닙니다. 하나님의 이름을 빙자하여 이웃 사랑을 실천한다고 떠드는 것은 자기 의에 불과합니다.

단지 내 맘에 들지 않는다고 누군가를 미워하는 것은 절대로 정당화될 수 없습니다. 나와 생각, 견해, 지지 정당이 다르다고 원수 취급해서도 안 됩니다. 내가 사랑할 대상을 내게 친절히 대하고 도움이 되는 사람들로만 제한해서도 안 됩니다. 이를 위해 우리는 내 마음에 깊이 뿌리박힌 자기중심성의 실재를 인정하고 예수님의 겸손을 배워야 합니다.

예수님의 참된 사랑을 만나면 내가 가진 사랑의 폭이 확장됩니다. 가족을 넘어 나와 다른 사람, 심지어 나를 대적하는 사람까지도 사랑하게 됩니다. 여기서 사랑은 단순한 감정이 아니라 의지적 행동입니다. 원수를 사랑함은 선전 구호가 아니라 실천 사항입니다. 즉, 말이 아닌 실천을 통하여 완성되는 것입니다.

하나님은 그분이 창조하신 세상에 모든 사람이 살아가도록 일반 은총을 차별 없이 주셨습니다. 그래서 차별 없는 사랑을 하는 성도는 하나님의 인정을 받습니다. 하나님은 그를 귀하게 여기시고 상을 베풀어 주십니다. 차별 없이 사랑하는 사람은 차별 없이 보편적인 사랑을 베푸시는 하나님을 본받는 것입니다. 그는 온전하신 하나님처럼 온전하다는 칭찬을 받습니다.

하나님은 사랑이십니다. 하나님의 법은 사랑의 법입니다. 그리고 하나님의 백성은 사랑하는 사람들입니다. 왜냐하면 그들은 예수님의 십자가 사랑을 알기 때문입니다. 하나님의 백성은 자기를 대적하는 자들을 사랑하고 핍박하는 자들을 위하여 기도합니다. 그들은 원수 갚은 것을 하나님께 맡기고 선으로 악을 갚습니다. 사랑을 실천하는 성도는 예수님을 닮은 복된 자입니다.

Ⅰ　Ⅰ　Ⅰ

적용나눔 · 바리새인들은 어떻게 하나님의 사랑 계명을 왜곡했
나요? 혹시 내게 유리하게 성경말씀을 왜곡하거나 수
정한 적은 없나요?

· 나를 미워하는 사람을 위해 기도할 때, 가장 큰 어려
움은 무엇인가요? 원수 사랑을 실천해 본 적 있다면
나누어 보세요.

· 모든 사람을 돌보시는 하나님의 보편적인 사랑을 느
껴 본 적이 있나요? 그 사랑을 배우고 실천할 수 있도
록 지혜와 용기를 구해 보세요.

감사나눔 다 함께 감사와 기도제목을 나누고 한 주간 기도해요!

_____

_____

_____

마침기도 사랑의 하나님, 참된 사랑이 고갈된 세상에서 많은 사람들이
사랑에 목말라하고 있습니다. 수많은 관계가 깨지고 영혼이 병
들어 가고 있습니다. 하나님, 이 땅을 주의 사랑으로 치유해 주
세요. 하나님의 백성인 저희가 먼저 사랑을 실천할 수 있도록
힘을 주세요. 원수까지도 사랑할 수 있도록 용기를 주세요.

주기도문 가정예배를 마친 후, 서로 "사랑해요, 축복해요"라고 나눕니다.

은밀하게 구제하는 가정되길 원합니다

찬양 ♪　찬송가 309장 목마른 내 영혼

시작기도 　선하신 하나님, 저희 가정을 그리스도 안에서 의롭다 칭하여
주셔서 감사합니다. 저희가 분주한 마음을 내려놓고 오직 주께
만 집중하게 해 주세요. 배운 말씀을 마음에 새기고 순종하게
해 주세요.

말씀배움 　마태복음 6장 1-4절을 함께 읽습니다.
¹사람에게 보이려고 그들 앞에서 너희 의를 행하지 않도록 주
의하라 그리하지 아니하면 하늘에 계신 너희 아버지께 상을 받
지 못하느니라 ²그러므로 구제할 때에 외식하는 자가 사람에게
서 영광을 받으려고 회당과 거리에서 하는 것 같이 너희 앞에 나
팔을 불지 말라 진실로 너희에게 이르노니 그들은 자기 상을 이
미 받았느니라 ³너는 구제할 때에 오른손이 하는 것을 왼손이 모
르게 하여 ⁴네 구제함을 은밀하게 하라 은밀한 중에 보시는 너
의 아버지께서 갚으시리라.

ㅣ　ㅣ　ㅣ

하나님은 은밀한 중에 보시기에
우리는 궁핍한 자들에게 은밀하게 베풀어야 합니다

구제의 동기가 잘못되어 있으면 이는 참된 구제가 아닙니다. 하
나님이 인정하고 상 주시는 구제는 은밀하게 베푸는 사랑입니

다. 오늘 우리는 참 구제를 실천하는 방법에 대하여 함께 살펴보겠습니다.

첫째, 구제할 때에 사람의 칭찬을 구하지 말아야 합니다! 세상은 어려운 이들을 돕거나 가난한 학생들에게 장학금을 지원하면 크게 칭찬합니다. 많은 사람들이 이러한 칭찬을 갈망하는데, 그 이유는 자기의 의를 인정받고 자기의 위대함을 알리고 싶기 때문입니다. 이는 하나님의 칭찬보다 사람의 칭찬에 목마른 것이고, 하나님이 아닌 사람을 의식하는 것입니다. 그러나 구제의 동기는 '내'가 아닙니다. 진정한 동기는 가난한 사람들의 고통을 덜고 그 필요를 채우는 것이어야 합니다.

둘째, 구제할 때에 자기의 영광을 구하지 말아야 합니다! 자기를 높이려고 사람들 앞에서 행하는 구제는 연기에 불과합니다. 사람들 앞에서 착한 가면을 쓰고 자기 의를 드러내는 것은 위선입니다. 위선은 바리새인들의 특징 중 하나입니다. 그들은 많은 사람들이 지켜보는 회당이나 거리에서 구제를 베풀며 나팔을 불어 자기 영광을 선포했습니다.

구제의 궁극적 목적은 하나님께 영광을 돌리는 것이어야 합니다. 우리는 선행을 통하여 나와 함께 하시는 하나님을 드러내야 합니다. 하나님의 도우심과 사랑을 느끼게 해야 합니다. 자기 영광을 위하여 구제하는 것은 불의한 부자가 가난한 사람들에게 음식을 주고 신문에 자기 선행을 광고하는 것과 같습니다. 사람의 칭찬에서 행복을 구하는 것은 스스로를 속이는 미련함입니다.

셋째, 구제할 때에 자기 자신이 잊혀지길 구해야 합니다! "오른손이 하는 것을 왼손이 모르게 하라"는 예수님의 말씀은 자신이 행한 구제를 잊어버리라는 의미입니다. 자신이 행한 구제를 계산하면서 무엇을 얻었는지, 자신이 얼마나 위대한지 심취해 있지 말라는 것입니다. 좋은 일을 하면서도 자기애가 중심에 있으면 마음에 평화가 없습니다. 자기보다 착하고 의로운 사람을 보면 질투하고, 자기보다 덜 착한 사람을 보면 우쭐하며 내심 기뻐합니다.

자기를 부인하는 것이 제자도의 시작입니다. 사람의 눈이 아닌 하나님의 눈을 의식하는 것이 지혜입니다. 사람을 의식하는 것은 내가 다른 사람들에게 어떻게 보일지 염려하는 것입니다. 구제의 화려한 옷을 입고 뽐내면서 퍼레이드하고 싶어 하는 것입니다.

예수님은 가난한 자들, 병든 자들, 소외된 자들의 친구가 되어주셨습니다. 그들을 긍휼이 여기시고 그들과 자신을 동일시하셨습니다. 예수님은 사랑으로 자기 자신을 그들에게 내어주셨습니다. 우리도 그리스도의 사랑으로 어려운 자들을 구제해야 합니다. 하나님의 눈은 그러한 구제를 결코 놓치지 않으시고 참된 만족과 풍성한 복을 주실 것입니다(눅 6:38).

I I I

적용나눔 · 가난한 사람들을 돕고 싶다면 그 이유가 무엇인지 나
누어 보세요. 구제의 그릇된 동기와 바른 동기는 무
엇인가요?

· 선행이 알려져 사람들에게 칭찬받을 때, 어떻게 반응
했나요? 혹여 사람들의 인정과 칭찬에 목말라 구제하
진 않았는지 돌아보세요.

· 누군가를 도운 후에 그 사실이 알려지지 않아 서운한
적 있나요, 반대로 그 사실이 알려져 당황한 적 있나요?

감사나눔 다 함께 감사와 기도제목을 나누고 한 주간 기도해요!

_____

_____

_____

마침기도 선하신 하나님, 저희가 스스로의 영광을 위하여 행한 모든 말
과 행동을 용서해 주세요. 이제는 저희가 자기 의, 자기 사
랑, 자기 선전이라는 굴레에서 벗어나 예수님의 사랑으로 참된
구제를 하길 원합니다. 이를 통하여 하나님께 영광을 돌리고
주님의 사랑을 전하게 해 주세요.

주기도문 가정예배를 마친 후, 서로 "사랑해요, 축복해요"라고 나눕니다.

바르게 기도하는 가정되길 원합니다

찬양 ♪ 찬송가 364장 내 기도하는 그 시간

시작기도 진실하신 하나님, 저희 죄를 위하여 십자가 고난을 당하신 주 예수 그리스도를 찬양합니다. 이 시간 저희가 진실된 마음으로 가정예배를 드리게 해 주시고 말씀을 즐거워하게 해 주세요.

말씀배움   마태복음 6장 5-8절을 함께 읽습니다.

⁵또 너희는 기도할 때에 외식하는 자와 같이 하지 말라 그들은 사람에게 보이려고 회당과 큰 거리 어귀에 서서 기도하기를 좋아하느니라 내가 진실로 너희에게 이르노니 그들은 자기 상을 이미 받았느니라 ⁶너는 기도할 때에 네 골방에 들어가 문을 닫고 은밀한 중에 계신 네 아버지께 기도하라 은밀한 중에 보시는 네 아버지께서 갚으시리라 ⁷또 기도할 때에 이방인과 같이 중언부언하지 말라 그들은 말을 많이 하여야 들으실 줄 생각하느니라 ⁸그러므로 그들을 본받지 말라 구하기 전에 너희에게 있어야 할 것을 하나님 너희 아버지께서 아시느니라.

I   I   I

모든 것을 아시는 하나님께서 우리를 보시기에
바르게 기도해야 합니다

어떤 사람들은 고급 호텔에서 원하는 것을 주문하듯 하나님께 기도합니다. 또 어떤 사람들은 화려한 말로 사람들을 감동

시키려고 기도합니다. 그러나 우리는 은밀한 중에 보시는 하나님 아버지를 의지하여 바르게 기도해야 합니다. 오늘 우리는 진실하고 바른 기도에 대하여 함께 살펴보겠습니다.

첫째, 남에게 잘 보이려고 기도하지 말아야 합니다! 기도할 때, 우리는 경건의 가면을 벗고 있는 모습 그대로 하나님께 나아가 기도해야 합니다. 사람들의 눈을 의식해 경건한 사람처럼 보이려는 기도는 위선적인 기도입니다. 이러한 기도는 하나님의 응답 대신 사람의 칭찬을 받을 뿐입니다.

종교심을 자랑하는 도구로 기도를 사용하는 것은 마음에 숨긴 자기 사랑 때문입니다. 아무도 보지 않는 곳에선 기도하지 않으면서 많은 사람들이 보는 곳에선 그럴듯하게 기도하기를 즐기는 것은 사람의 칭찬을 갈망하기 때문입니다. 이는 경건한 사람이라는 명성에 눈이 먼 행동입니다. 세리처럼 자신의 죄인 됨을 고백하고 자신을 낮추는 것이 바른 기도자의 태도입니다(눅 18:11-14).

둘째, 기도의 길이와 많음을 의지하지 말아야 합니다! 알아 듣기 어려운 말로 중얼중얼 길게 하는 기도는 은밀한 중에 보시는 선하신 아버지를 의지하는 기도가 아닌, 내가 하는 기도 자체를 의지하는 기도입니다. 무조건 길게 기도하면 내 열심이 인정받아 응답 받을 것이라는 자기 의에 근거한 기도입니다.

엘리야와 갈멜 산에서 대결했던 바알 선지자들의 기도가 그러했습니다. 그들은 이상한 괴성을 지르며 자기들의 몸에 피를 내면서까지 바알 신에게 열심을 보였습니다. 그러나 엘리야는 그 기도의 헛됨을 다음과 같이 조롱했습니다: "큰 소리로 부르라 그는 신인즉 묵상하고 있는지 혹은 그가 잠깐 나갔는지 혹은 그가 길을 행하는지 혹은 그가 잠이 들어서 깨워야 할 것인지 하매"(왕상 18:27).

셋째, 모든 것을 아시는 아버지께 은밀하게 기도해야 합니다!
하나님은 내가 원하는 것을 주문하면 가져다주는 벨보이가 아니십니다. 우리가 구하기도 전에 모든 필요를 다 아시는 아버지입니다. 예수님은 "너희가 악한 자라도 좋은 것으로 자식에게 줄 줄 알거든 하물며 하늘에 계신 너희 아버지께서 구하는 자에게 좋은 것으로 주시지 않겠느냐"고 말씀하십니다(마 7:11). 이것이 우리가 기도의 형식에 치우치지 말아야 할 이유입니다.

야고보 사도는 이렇게 말합니다: "너희는 욕심을 내어도 얻지 못하여 살인하며 시기하여도 능히 취하지 못하므로 다투고 싸우는도다 너희가 얻지 못함은 구하지 아니하기 때문이요 구하여도 받지 못함은 정욕으로 쓰려고 잘못 구하기 때문이라"(약 4:2-3). 동기가 잘못된 기도는 바른 기도가 아닙니다. 바른 기도란, 기도의 내용과 동기가 바르며 사람이 아닌 하나님만을 의식하고 의지하여 드리는 기도입니다. 바른 기도는 화려한 입술이 아닌 참 마음으로 드리는 기도입니다. 바로 이러한 기도에 하나님의 은혜가 넘칩니다.

ㅣ ㅣ ㅣ

적용나눔 · 혼자 기도할 때와 사람들 앞에서 기도할 때, 어떤 차
이가 있나요? 집에서 혼자 기도하는 시간을 어떻게
갖고 있나요?

· 사람들이 내가 한 기도에 은혜 받았다고 말할 때, 어
떻게 반응하나요? 사람에게 잘 보이려고 하는 기도는
어떤 것인지 나누어 보세요.

· 동기가 잘못된 기도란 무엇인가요? 혹시 그러한 기도
를 하고 있진 않은지 돌아보세요.

감사나눔 다 함께 감사와 기도제목을 나누고 한 주간 기도해요!

_____

_____

_____

마침기도 진실하신 하나님, 저희가 하나님보다 사람을 의식하는 기도에
더 익숙해져 있진 않은지 돌아보며 회개합니다. 이제는 은밀한
중에 보시고 응답해 주시는 하나님만을 의식하고 의지하길 원
합니다. 저희의 기도의 공력이 아닌 그리스도의 십자가 은혜를
의지하는 기도, 하나님을 영화롭게 하는 기도를 가르쳐 주세요.

주기도문 가정예배를 마친 후, 서로 "사랑해요, 축복해요"라고 나눕니다.

'아버지'께 기도하는 가정되길 원합니다

찬양 ♪   찬송가 361장 기도하는 이 시간

시작기도   하나님 아버지, 저희를 고아와 같이 버려두지 않으시고 주의
자녀 삼아 주셔서 감사합니다. 이 시간 하늘의 위로와 기쁨으
로 저희 영혼을 채워 주세요. 생명의 말씀 안에서 하나님 아버
지의 지혜를 얻게 해 주세요.

말씀배움   마태복음 6장 9절 상반절을 함께 읽습니다.
그러므로 너희는 이렇게 기도하라 하늘에 계신 우리 아버지여.

ㅣ ㅣ ㅣ

하나님은 우리의 아버지이시기에
우리는 그분의 자녀로서 아버지께 기도해야 합니다

영적 호흡인 기도는 믿음의 삶에 필수입니다. 그러나 위선적
이거나 중언부언하는 기도는 바른 기도가 아니므로 오히려 믿
음의 삶을 해롭게 합니다. 예수님은 바른 기도의 모형을 '주기
도문'에서 보여 주십니다. 주기도문에서 우리는 하나님을 "하
늘에 계신 우리 아버지"라고 부르며 자녀의 신분으로 기도합
니다. 오늘 우리는 주기도문의 가장 첫 부분의 의미를 함께 살
펴보겠습니다.

첫째, '하늘'이라는 말에서 하나님의 크심과 우리의 작음을 기억해야 합니다! 우리는 넓은 하늘을 바라보며 하나님의 크심과 우리의 작음을 인식해야 합니다. 그분 앞에 겸손히 나아가 기도해야 합니다. 우리는 마음씨 좋은 옆집 할아버지에게 하듯 기도하면 안 됩니다. 하나님은 무한하신 초월자이시며 그분께는 세상 모든 나라가 한 방울의 물보다 작습니다(사 40:15,17).

우리는 기도하면서 하나님께 합당한 경의와 존경을 표해야 합니다. 맡겨 놓은 것을 내놓으라는 식이 아닌, 그분 앞에 겸손히 나아가 기도해야 합니다. 무한하시고 전능하신 하나님 앞에 우리가 얼마나 미세한 존재인지를 깨달을 때에야 비로소 우리의 기도는 겸손해질 수 있습니다. 또한 어떤 문제도 하나님보다 크지 않음을 기억할 때, 우리의 기도는 소망이 됩니다.

둘째, '아버지'라는 말에서 하나님의 부성적 사랑과 아이처럼 아버지를 의존해야 함을 기억해야 합니다! 예수님은 우리에게 하나님을 '아버지'라고 부르라 말씀하십니다. 이는 우리가 하나님과 영원한 영적 가족 관계에 있음을 보여 줍니다. 하나님은 그리스도 안에서 놀라운 사랑을 부어 주셔서 그분의 자녀라 일컬음을 받는 특권을 우리에게 주셨습니다(요일 3:1).

기도는 하나님 아버지의 사랑에 대한 믿음의 반응으로 그분의 부성적 사랑을 의지하여 드리는 것입니다. 또한 기도는 아기가 부모에게 말하는 것과 같습니다. 아기가 부모를 전적으로 의지하듯 우리가 하나님을 의지하고, 부모가 아기의 필요를 다 알듯 하나님은 우리의 모든 필요를 다 아시고 사랑으로 채워 주십니다. 사도 바울은 이렇게 말합니다: "자기 아들을 아끼지 아니하시고 우리 모든 사람을 위하여 내주신 이가 어찌 그 아들과 함께 모든 것을 우리에게 주시지 아니하겠느냐"(롬 8:32).

셋째, '우리'라는 말에서 우리 모두가 하나님 가족의 구성원임을 기억해야 합니다! 우리는 기도할 때에 '나의 아버지' 대신 '우리 아버지'라고 부릅니다. 이는 불신자와 하나님의 자녀를 구분하는 표현이며 우리의 소속이 하나님께 있음을 보여 줍니다. 또한 기도의 친밀함을 잘 나타냅니다.

우리는 개인적으로 기도할 뿐 아니라 공동체와 함께 기도하기도 합니다. 공동체와 함께 하는 공적인 기도에서는 '우리 하나님 아버지'라고 하는 것이 적절하고, 공동체 모두 하나님의 가족 구성원인 형제자매임을 인식해야 합니다. 단순히 개개인의 성도로 여기기보다 그리스도의 피로 맺어진 영원한 가족으로 여겨야 하는 것입니다. 그렇게 함께 '우리 하나님 아버지'라고 부르며 서로를 위해 기도하고 축복하는 것은 함께 사랑하는 것입니다.

ㅣ　ㅣ　ㅣ

적용나눔 · 기도할 때에 하나님을 어떻게 부르나요? 그 호칭의
의미를 생각하면서 기도하나요?

· 하나님을 '아버지'라고 부르며 기도할 때에 그분의
사랑을 경험한 적 있다면 나누어 주세요.

· 가정이나 교회에서 함께 기도할 때, 하나님을 어떻게
부르나요? 왜 공적인 기도에서는 '우리 하나님 아버
지'라고 부르는 것이 가장 좋을까요?

감사나눔 다 함께 감사와 기도제목을 나누고 한 주간 기도해요!

_____

_____

_____

마침기도 하나님 아버지, 저희가 하나님을 아버지라고 부를 수 있게 해
주셔서 감사합니다. 저희 가정이 날마다 하나님 아버지의 위대
하심을 찬양하고, 그 앞에 겸손히 나아가 기도할 수 있게 해 주
세요. 그 사랑의 이름을 부르며 아버지께만 영광 돌리는 삶을
살아갈 수 있도록 인도해 주세요.

주기도문 가정예배를 마친 후, 서로 "사랑해요, 축복해요"라고 나눕니다.

30주

주의 이름을 거룩히 여기는 가정되길 원합니다

찬양 🎵   찬송가 363장 내가 깊은 곳에서

시작기도   거룩하신 하나님 아버지, 주를 예배하기 위해 이 자리에 모인
저희를 축복해 주세요. 저희 눈을 열어 주의 거룩하심을 보게
해 주시고, 저희 귀를 열어 주의 세미한 음성을 듣게 해 주세요.
저희 마음을 열어 주의 마음을 더욱 알게 해 주세요.

말씀배움   마태복음 6장 9절 하반절을 함께 읽습니다.
이름이 거룩히 여김을 받으시오며.

ㅣ   ㅣ   ㅣ

하나님은 거룩하시기에
무엇보다 그 이름이 거룩히 여김을 받도록 기도해야 합니다

하나님은 그분의 이름이 거룩히 여김을 받길 원하십니다. 그
리고 그분의 이름을 망령되게 부르는 자를 죄 없다 하지 않으
십니다(출 20:7). 세상 사람들은 그분의 이름을 욕하고 저주함으
로써 더럽히지만, 우리는 거룩하신 하나님의 이름이 거룩히
여김을 받으시도록 해야 합니다. 오늘 우리는 거룩하신 하나
님의 이름에 대하여 함께 살펴보겠습니다.

첫째, 하나님의 이름을 알아야 합니다! 하나님의 이름은 그분

을 부를 때에 사용하는 개인적인 호칭 그 이상입니다. 하나님의 이름은 그분의 성품과 행사를 나타냅니다. 구약에서 '여호와'라는 이름은 이스라엘과 언약을 맺으신 하나님의 개인적인 이름이며 다른 단어들과 함께 사용되었습니다.

예를 들면, 여호와 라파(치유하시는 여호와), 여호와 이레(예비하시는 여호와), 여호와 닛시(승리를 주시는 여호와), 여호와 삼마(거기 계시는 여호와) 등이 있습니다. 그 외에도 다양한 은유적 표현들이 있습니다. 예를 들어, 목자, 아버지, 반석, 요새, 피난처, 용사 등이 그러합니다. 이러한 은유적 표현은 하나님이 어떠한 분이시며 어떠한 일을 행하시는지 아주 잘 나타냅니다. 우리는 하나님의 이름을 통하여 그분의 크심과 거룩하심을 더 깊이 알아야 합니다. 그때 그 이름에 합당한 존귀와 영광과 찬양과 감사를 돌릴 수 있습니다(시 7:17).

둘째, 하나님의 이름을 사랑해야 합니다! 전혀 모르는 사람을 사랑할 수 없듯, 우리는 하나님을 모르면 진정으로 그분을 사랑할 수 없습니다. 하나님을 사랑하면 그분의 이름을 부르기만 해도 마음이 설렙니다. 다음 시편 기자의 찬양을 들어보십시오: "여호와 우리 주여 주의 이름이 온 땅에 어찌 그리 아름다운지요 주의 영광이 하늘을 덮었나이다"(시 8:1). 이와 같이 그 이름을 사랑하여 찬양하면 주께서 영광을 받으십니다.

예배는 하나님의 이름을 사랑하고 높이는 시간입니다. 하나님의 이름이 거룩히 여김을 받으시는 구별된 시간입니다. 이사

야는 천사들이 여호와의 거룩하심을 찬양하는 소리를 들었습니다: "거룩하다 거룩하다 거룩하다 만군의 여호와여 그의 영광이 온 땅에 충만하도다"(사 6:3). 이제 우리도 다윗과 같이 이렇게 외치길 원합니다: "나와 함께 여호와를 광대하시다 하며 함께 그의 이름을 높이세!"(시 34:3).

셋째, 하나님의 이름을 세상에 드러내야 합니다! 하나님의 이름에 대한 앎과 애정은 일상적인 것들로부터 그분의 이름을 거룩하게 구별할 뿐 아니라 우리의 일상을 통하여 그분의 이름이 거룩히 여김을 받으시도록 합니다.

하나님은 그분의 이름의 영예를 지키십니다. 에스겔은 열국 가운데 이스라엘 백성이 더럽힌 그분의 이름을 여호와께서 스스로 거룩하게 하실 것이라고 선포합니다(겔 36:23). 다음은 예수님의 기도입니다: "세상 중에서 내게 주신 사람들에게 내가 아버지의 이름을 나타내었나이다"(요 17:6). 하나님의 거룩한 이름을 영화롭게 하는 것이 우리 기도의 궁극적 목적입니다. 우리는 그분의 거룩한 이름을 알고 사랑하며 세상에 나타내기 위하여 기도할 때에 그 목적을 이룰 수 있습니다.

ㅣ ㅣ ㅣ

적용나눔

- '거룩'은 구별을 뜻합니다. 하나님의 이름을 다른 이름들과 구별하여 사용하고 있나요? 하나님의 이름이 거룩히 여김을 받으시도록 어떻게 기도하고 있나요?
- 하나님의 이름은 그분의 어떠함을 보여 주나요? 기도하면서 나만이 부르거나 즐겨 부르는 하나님의 이름, 호칭이 있다면 무엇인지 나누어 보세요.
- 세상 사람들이 하나님의 이름을 욕할 때에 사용하면 마음이 어떤가요? 혹시 나도 하나님의 이름을 망령되이 사용하고 있진 않은지 돌아보세요.

감사나눔

다 함께 감사와 기도제목을 나누고 한 주간 기도해요!

_____

_____

_____

마침기도

거룩하신 하나님 아버지, 저희가 주의 이름의 아름다우심과 거룩하심을 지킬 수 있게 해 주세요. 저희 마음과 입술이 주의 이름을 높여 찬양하게 해 주세요. 주의 거룩하신 이름에 합당한 존귀와 영광과 권세를 돌리게 해 주세요. 일상을 통하여 주의 이름을 더욱 경험하고 사랑하며 세상에 드러낼 수 있도록 은혜를 내려 주세요.

주기도문

가정예배를 마친 후, 서로 "사랑해요, 축복해요"라고 나눕니다.

하나님이 왕이신 가정되길 원합니다

찬양 ♩   찬송가 383장 눈을 들어 산을 보니

시작기도   왕이신 하나님, 이 시간 저희 죄를 사하시려고 십자가에서 죽
으시고 부활하신 예수님을 바라봅니다. 저희 눈을 열어 주의
영광을 보게 해 주세요. 저희 영혼을 주의 사랑으로 치유해 주
시고 강건하게 해 주세요.

말씀배움   마태복음 6장 10절 상반절을 함께 읽습니다.
나라가 임하시오며.

ᅵ ᅵ ᅵ

하나님은 왕이시기에
그분의 다스림이 이루어지도록 기도해야 합니다

사람들은 새로운 정권이 들어설 때마다 가난, 차별, 불의, 불평
이 없는 안전하고 좋은 나라를 염원합니다. 하지만 그러한 나
라는 하나님께서 왕으로 통치하시는 나라밖에 없습니다. 예수
님은 본문말씀을 통하여 하나님의 나라, 곧 하나님의 통치가
임하도록 기도하라고 명하십니다. 그렇다면 이를 위해 어떻게
기도해야 할까요? 오늘 우리는 그 기도에 대하여 함께 살펴보
겠습니다.

첫째, '회심'을 통하여 하나님의 통치가 시작되도록 기도해야 합니다! 예수님이 말씀하신 나라는 영적인 나라로 하나님의 통치가 임하는 모든 곳을 지칭합니다. 예수님 당시 유대인들은 이스라엘을 로마 제국의 압제에서 해방하고 예루살렘에 세계 정부를 세워 영원히 통치하는 정치적 메시야를 기다렸습니다. 하지만 참 메시야이신 예수님은 그들의 뜻대로가 아닌 죽음과 부활을 통하여 하나님의 영원한 나라를 세우러 이 땅에 오셨습니다.

이 땅에서 외치신 예수님의 첫 메시지는 "회개하라 천국이 가까이 왔느니라"였습니다(마 4:17). 또한 니고데모에게는 이렇게 말씀하셨습니다: "사람이 거듭나지 아니하면 하나님의 나라를 볼 수 없느니라"(요 3:3). 하나님의 통치를 경험하려면, 죄를 회개하고 예수님을 구주로 영접해야 합니다. 죄 사함을 받아 예수님이 그 마음에 성령으로 내주하시면 그때부터 하나님의 통치가 시작됩니다.

둘째, '성화'를 통하여 하나님의 통치가 확장되도록 기도해야 합니다! 회심한 사람은 옛 사람의 성품을 벗어 버리고 새 사람의 성품을 따라 살아가기 시작합니다. 하나님의 다스림을 받으며 가정, 직장, 사회, 국가로 하나님의 통치를 넓혀 갑니다. 그의 변화된 삶은 하나님의 통치에 대한 증거입니다. 또한 성화된 삶은 가정, 사회, 나라에도 변화를 가져오는데, 이는 우리가 전도하는 것일 뿐 아니라 변화된 삶으로 사회를 개혁하는 것이기도 합니다.

우리는 하나님의 거룩한 통치가 삶의 모든 영역에서 이루어지도록 간구해야 합니다. 하나님의 나라는 먹고 마시는 것이 아니라 오직 성령 안에서 의와 평강과 희락입니다(롬 14:17). 성화란, 옛 사람을 벗어 버리고 심령이 새롭게 되어 의와 진리의 거룩함으로 지으심을 받은 새 사람을 입고 사는 것입니다(엡 4:22-23). 우리가 성화의 삶을 살기 위하여 기도하는 것이 하나님 나라를 위한 기도입니다.

셋째, '영화'를 통하여 하나님의 통치가 완성되도록 기도해야 합니다! 영화는 우리의 구원이 천국에서 완성되는 것을 뜻합니다. 예수님이 이 땅에 다시 오실 때, 하나님은 친히 우리의 하나님이 되셔서 우리와 영원히 함께 사실 것입니다. 우리의 모든 눈물을 씻어 주시고 다시는 사망이나 애통하는 것이나 아픈 것이 없을 것입니다(계 21:3-4).

우리는 그리스도의 영광이 나타날 그날을 사모하면서 이 세상 정욕을 버리고 신중함과 의로움과 경건함으로 살아가야 합니다(딛 2:12). 주님이 약속하신 천국을 소망하면서 말씀을 묵상하고 기도를 멈추지 말아야 합니다. 그러면 죄악 된 세상의 영화에 눈을 돌리지 않고 하나님의 통치 안에서 행복을 누리며 살아갈 것입니다.

ㅣ ㅣ ㅣ

적용나눔 · 하나님을 나의 왕으로 고백하나요? 그렇다면 지금 그 분의 통치가 삶에서 어떻게 이뤄지고 있는지 나누어 보세요.

· 예수님의 성품을 닮기 위하여 어떻게 살아가고 있는지 나누어 보세요.

· 언제 하나님의 영원한 나라, 천국을 생각하나요? 예수님의 재림을 소망하며 영적으로 깨어 살아가고 있는지 한번 돌아보세요.

감사나눔 다 함께 감사와 기도제목을 나누고 한 주간 기도해요!

_____

_____

_____

마침기도 왕이신 하나님, 하나님의 통치를 벗어나 저희 마음대로 살려 했던 것을 회개합니다. 이 시간 저희의 보좌를 주께 내어 드리오니 좌정하셔서 저희 마음과 생각을 다스려 주세요. 하나님의 통치가 저희 마음에서부터 이뤄지도록 축복해 주세요. 저희의 전인격이 예수님을 닮아가도록 인도해 주세요. 저희가 예수님의 다시 오심을 소망하며 복음을 전하게 해 주세요.

주기도문 가정예배를 마친 후, 서로 "사랑해요, 축복해요"라고 나눕니다.

하나님의 뜻을 이루는 가정되길 원합니다

찬양 ♪　찬송가 425장 주님의 뜻을 이루소서

시작기도　주인 되시는 하나님, 오늘도 저희 가정을 예배의 자리로 불러
주셔서 감사합니다. 저희가 주의 임재 가운데 거룩하고 기쁘게
예배하도록 은혜를 내려 주세요. 저희 마음을 열어 주님의 온
전하신 뜻을 깨닫게 해 주세요.

말씀배움　마태복음 6장 10절 하반절을 함께 읽습니다.
뜻이 하늘에서 이루어진 것 같이 땅에서도 이루어지이다.

ㅣ　ㅣ　ㅣ

하나님은 우리의 주님이시기에
그분의 뜻이 온 세상에 이루어지길 기도해야 합니다

부모는 자녀의 건강을 위해 야채도 많이 먹으라고 타이르지
만 자녀는 여전히 고기만 먹고 야채를 거부합니다. 이처럼 우
리도 종종 하나님의 뜻을 거부하고 내 뜻을 고집하곤 합니다.
예수님은 본문말씀을 통하여 하나님의 뜻이 온 세상에 이루어
지길 기도하라고 명하십니다. 그렇다면 하나님의 뜻을 이루기
위하여 어떻게 기도해야 할까요? 오늘 우리는 그 기도에 대하
여 함께 살펴보겠습니다.

첫째, 하나님의 뜻을 분별하도록 기도해야 합니다! 우리는 하나님의 뜻을 분별하기 위해 기도해야 합니다. 하나님의 뜻은 크게 도덕적인 뜻과 섭리적인 뜻으로 나뉘는데, 하나님의 도덕적인 뜻은 십계명에 요약되어 있습니다. 바로 하나님 사랑과 이웃 사랑입니다. 하나님의 모든 도덕적인 명령은 하나님 사랑과 이웃 사랑에 대한 적용입니다. 이것을 알면 도덕적 판단을 요구하는 모든 상황에서 우리는 바른 행동을 취할 수 있습니다.

우리는 하나님의 섭리적인 뜻을 분별하기 위해서도 기도해야 합니다. 결혼 상대, 커리어, 학교, 교회, 선교지 등을 선택하거나 중요한 결정을 내릴 때에 하나님의 뜻을 여쭈어야 합니다. 그러나 여기서 기도를 점치듯 사용해서는 안 됩니다. 성령님과 말씀의 인도를 받으며 겸손히 기도해야 합니다. 다음은 바울의 권면입니다: "너희는 이 세대를 본받지 말고 오직 마음을 새롭게 함으로 변화를 받아 하나님의 선하시고 기뻐하시고 온전하신 뜻이 무엇인지 분별하도록 하라"(롬 12:2).

둘째, 하나님의 뜻에 내 뜻을 맞추도록 기도해야 합니다! 우리가 하나님의 뜻을 알고자 하는 가장 큰 이유는 그분의 뜻대로 행하기 위함입니다. 그런데 많은 크리스천들이 하나님의 뜻을 알면서도 자신의 뜻과 맞지 않으면 불순종합니다. 하나님의 뜻을 행하는 것이 어렵고 내게 손해가 될 것 같아 포기하고 맙니다. 그러나 예수님은 십자가의 죽음 앞에서 "나의 원대로 마시옵고 아버지의 원대로 하옵소서"라고 기도하셨습니다(마 26:39).

나의 욕망이 아닌 하나님의 뜻을 이루기 위해서는 '자기 부인'이 반드시 필요합니다. 그래서 기도는 하나님의 뜻에 내 뜻을 맞추는 변화의 과정입니다. 하나님 아버지의 뜻은 항상 선하고 완전하다는 것을 믿고 맡기는 것이 '믿음'이며 그분의 뜻을 이루는 것이 '의'이며 '행복'입니다. 이러한 기도는 우리가 하나님의 뜻을 행할 수 있도록 힘과 용기, 그리고 지혜를 줍니다.

셋째, 하나님의 뜻을 이루는 도구로 쓰임받기를 기도해야 합니다! 하나님은 그분의 뜻을 이루실 때, 우리를 도구로 사용하십니다. 전능하신 하나님의 뜻을 이루는 도구로 자신을 드리는 것은 특권이요 영광입니다. 예수님은 아버지의 구속의 뜻을 이루시기 위하여 십자가에서 자신을 속죄제물로 드리셨습니다. 다음은 예수님의 말씀입니다: "나의 양식은 나를 보내신 이의 뜻을 행하며 그의 일을 온전히 이루는 이것이니라"(요 4:34). 예수님처럼 우리 삶의 목적이 오직 하나님의 뜻을 이루는 것이 되길 소망합니다.

기도는 하나님의 뜻을 이루는 도구일 뿐 아니라 우리 자신을 그분의 도구로 드리는 행복한 시간입니다. 기도하면서 그분의 뜻을 행하는 사람은 복된 자입니다.

ㅣ ㅣ ㅣ

적용나눔 · 하나님의 뜻을 분별하기 위해 어떻게 기도하나요? 이

　　　　　를 위해 기도를 많이 하는 사람이나 꿈과 계시를 의
　　　　　지하나요, 아니면 말씀과 성령님의 인도하심을 의지
　　　　　하나요?

　　　　· 기도를 통해 내 안에 변화를 경험한 적 있나요? 기도
　　　　　를 내 뜻과 목적을 이루는 수단으로 사용하나요, 아니
　　　　　면 주의 뜻과 목적에 나를 맞추는 도구로 사용하나요?

　　　　· "나의 양식은 나를 보내신 이의 뜻을 행하며 그의 일
　　　　　을 온전히 이루는 이것이니라"는 예수님의 말씀에서
　　　　　무엇을 느끼나요? 하나님의 뜻을 이루는 것을 얼마나
　　　　　중요하게 여기며 살아가는지 나누어 보세요.

감사나눔 다 함께 감사와 기도제목을 나누고 한 주간 기도해요!

_____

_____

_____

마침기도 주인 되시는 하나님, 이 시간 아버지의 뜻을 이루시기 위하여

　　　　십자가의 고난 받으신 예수님을 묵상합니다. 저희도 예수님처
　　　　럼 하나님의 뜻을 위하여 온전한 믿음으로 기도하게 해 주세
　　　　요. 저희 안에 있는 이기적인 욕망을 기도하는 열정으로 변화
　　　　시켜 주세요. 저희에게 하나님의 뜻을 목숨처럼 소중히 여길
　　　　수 있는 마음을 허락해 주세요.

주기도문 가정예배를 마친 후, 서로 "사랑해요, 축복해요"라고 나눕니다.

모든 필요를 구하는 가정되길 원합니다

찬양 ♪ 찬송가 393장 오 신실하신 주

시작기도 부요하신 하나님, 오늘 하루 동안 저희에게 필요한 모든 것을
채워 주셔서 감사합니다. 저희 마음 문을 열어 주셔서 주님의
말씀을 경청하게 해 주시고, 주의 아름다운 임재 안에 거하게
해 주세요.

말씀배움 마태복음 6장 11절을 함께 읽습니다.
오늘 우리에게 일용할 양식을 주시옵고.

ㅣ ㅣ ㅣ

하나님은 공급자이시기에
믿음으로 우리의 필요한 것을 매일 구해야 합니다

과학이 아무리 발전해도 인간은 여전히 불완전하고 연약한 존
재입니다. 이를 망각하고 하나님으로부터 독립하려는 것이 죄
의 본질입니다. 본문말씀에서 예수님은 우리가 하나님 아버지
를 의존하여 살아가는 존재임을 가르쳐 주십니다. 오늘 우리
는 공급자 되시는 하나님께 믿음으로 필요한 것을 매일 구하
는 기도에 대하여 함께 살펴보겠습니다.

첫째, 우리는 '삶에 필요한 것'을 구해야 합니다! 본문말씀에서

'일용할 양식'은 우리가 매일 살아가는데 필요한 모든 것을 뜻합니다. 우리가 하나님께 필요를 구한다는 것은 그분의 공급하심을 의지한다는 의미입니다. 또한 우리가 하나님의 피조물임을 인정한다는 의미입니다.

이와 같이 하나님을 의지하는 관계 속에 살아간다는 것은 우리가 하나님을 '아버지'로 의지하고 있다는 것을 말합니다. 작은 것이라도 필요한 것을 구할 때에 하늘 아버지는 기뻐하십니다. 또한 우리가 그분을 의지할 때에 영광을 받으십니다.

둘째, 우리는 필요한 것을 '매일' 구해야 합니다! 하루하루 살아가며 매일 필요한 것을 구하는 것은 영적 현실이며 겸손입니다. 미래를 위해 대비하는 것도 중요하지만 욕심으로 축적하는 것은 하나님을 의지하는 것이 아닌 물질을 의지하는 것입니다.

매일 필요한 것을 구한다는 것은 우리의 연약함을 인정하고 하나님의 부요하심을 의지하는 것입니다. 하나님과 동행하는 것입니다. 하나님의 선하심과 신실하심을 의지하며 살아가는 것입니다. 오늘 믿음으로 산다고 해서 내일도 그렇게 살리라 보장할 수 없습니다. 또한 오늘 제대로 살지 못했다고 해서 내일도 그렇게 살리라 말할 수 있는 것도 아닙니다. 우리는 매일매일 필요한 것을 구하며 오늘을 믿음으로 살 뿐입니다.

셋째, 우리는 '믿음으로' 필요한 것을 구해야 합니다! 일용할 양식을 믿음으로 구한다는 것은 우리의 모든 삶이 하나님께 달려 있다는 것을 고백하는 것입니다. 아기는 생존을 위하여 엄마를 절대적으로 의지합니다. 아기가 배고파서 우는 것은 엄마가 자신의 필요를 채워줄 것을 본능적으로 알고 의지하는 것입니다. 따스한 엄마의 품에 안겨 있는 것이 아기에게는 행복입니다.

이와 같이 하나님의 사랑의 품을 의지하는 것이 우리가 필요한 것을 구하는 기도입니다. 하나님은 우리가 구하기도 전에 필요한 것을 다 알고 계십니다. 그럼에도 필요한 것을 구하라고 명하신 것은 하나님의 사랑을 더욱 의지하고 경험하게 하시려는 그분의 은혜입니다.

"너희 성도들아 여호와를 경외하라 그를 경외하는 자에게는 부족함이 없도다 젊은 사자는 궁핍하여 주릴지라도 여호와를 찾는 자는 모든 좋은 것에 부족함이 없으리로다"(시 34:9-10).

ㅣ ㅣ ㅣ

적용나눔 · 매일 하나님을 어떻게 의지하며 살아가는지 나누어
보세요. 하나님을 의지하는 것이 왜 그분을 인정하는
것인지 생각해 보세요.

· 지금 우리 가정은 어떤 필요를 위하여 기도하고 있나
요? 하나님이 우리의 모든 필요를 아시는데 왜 굳이
기도해야 할까요?

· 하나님께서 필요를 채우신다는 믿음으로 기도하는지,
아니면 형식적으로 하는지 돌아보세요. 매일의 필요
를 믿음으로 구하는 것이 왜 복인지 나누어 보세요.

감사나눔 다 함께 감사와 기도제목을 나누고 한 주간 기도해요!

_____

_____

_____

마침기도 부요하신 하나님, 저희는 종종 하나님이 얼마나 부요하시고 인
자하신지를 잊고 형식적으로 기도할 때가 많습니다. 원하는
것을 받아내려는 자세로 기도할 때도 있습니다. 이러한 저희
의 어리석음을 불쌍히 여겨 주시고 믿음 없음을 용서해 주세
요. 저희가 하나님의 선하심과 부요하심을 의지하여 모든 필요
를 감사함으로 아뢸 수 있도록 저희 기도를 변화시켜 주세요.

주기도문 가정예배를 마친 후, 서로 "사랑해요, 축복해요"라고 나눕니다.

죄인임을 고백하는 가정되길 원합니다

찬양 ♪ 찬송가 251장 놀랍다 주님의 큰 은혜

시작기도 자비로우신 하나님, 저희를 자녀 삼아 주시고 저희 기도에 응답해 주시는 그 은혜에 감사합니다. 이 시간 저희가 주님의 사랑 안에서 예배할 수 있도록 성령으로 인도해 주세요.

말씀배움 마태복음 6장 12절을 함께 읽습니다.
우리가 우리에게 죄 지은 자를 사하여 준 것 같이 우리 죄를 사하여 주시옵고.

ㅣ ㅣ ㅣ

하나님은 죄를 용서하시기에
우리는 용서를 구하고 용서를 실천해야 합니다

우리 모두가 좋은 관계를 소원하지만 모두와 화평의 관계를 유지하는 것은 그리 쉬운 일이 아닙니다. 관계는 사소한 실수 하나로도 언제든 깨질 수 있습니다. 그러나 하나님은 죄나 실수로 깨진 관계를 회복할 수 있도록 회개를 통한 용서를 베풀어 주시고, 우리가 용서를 위하여 기도하고 실천하며 화평 가운데 살아가기를 원하십니다. 오늘 우리는 죄의 빚에 대하여 함께 살펴보겠습니다.

첫째, 죄의 빚이 있음을 시인해야 합니다! '죄'로 번역된 헬라어는 '빚'입니다. 즉, 죄는 우리가 하나님께 갚아야 할 빚을 의미합니다(마 18:23-35). 우리 죄의 빚은 아무리 노력해도 갚을 수 없을 만큼 많습니다. 그런데 우리는 범법을 저지르지 않았으니 스스로를 의롭다고 생각합니다. 마치 하나님 앞에서 의롭다고 여긴 바리새인들처럼 말입니다.

바리새인들은 평생 남의 돈을 빼앗지도, 남의 가정을 깨뜨리지도 않았다고 자부합니다. 또한 가난한 자의 돈을 갈취한 세리와도 같지 않다고 자부합니다(눅 18:11). 그들에게는 '자기 의'가 충만합니다. 자기 의에 사로잡히면 자기 죄가 보이지 않습니다. 그래서 내가 죄의 빚 진 자임을 겸손히 시인하는 것이 하나님과의 관계를 바로잡는 첫 길입니다.

둘째, 죄의 빚에 대하여 하나님의 긍휼을 의지해야 합니다! 죄는 하나님을 대적하는 행위입니다. "미안해요"라는 말로 쉽게 해결되는 것이 아닙니다. 죄에 대한 하나님의 진노를 감당할 수 있는 사람은 이 세상에 단 한 명도 없습니다. 진노의 심판을 받을 죄인은 마땅히 하나님의 자비를 구해야 합니다.

하나님의 진노 앞에 선 사람은 그분의 긍휼하심밖에는 살 길이 없음을 고백합니다. 성전에서 기도한 세리처럼 "멀리 서서 감히 눈을 들어 하늘을 쳐다보지도 못하고 다만 가슴을 치며 이르되 하나님이여 불쌍히 여기소서 나는 죄인이로소이다"라고 그분의 긍휼을 간구합니다(눅 18:13).

죄인의 간구에 대한 하나님의 응답은 그리스도의 십자가입니다. 우리 죄에 대한 하나님의 진노가 예수님께 부어지고, 하나님의 무한하신 사랑이 우리에게 부어진 바로 그 십자가입니다. 죄인인 우리는 용서와 회복을 위하여 그리스도의 십자가 사랑을 전적으로 의지해야 합니다.

셋째, 하나님의 은혜로 죄의 빚진 자를 용서해야 합니다! 세상에서 가장 힘든 것 중 하나가 용서입니다. 용서는 정말로 쉽지 않습니다. 하나님은 우리 죄를 용서하시기 위하여 독생자 예수 그리스도를 십자가에 매달으셔야 했습니다. 그만큼 우리를 사랑하셨기 때문입니다.

우리가 남을 용서했기에 하나님이 우리를 용서하시는 것이 아닙니다. 하나님이 우리를 용서하셨기에 우리가 이웃을 용서해야 하는 것입니다. 하나님이 용서를 명령하신 또 다른 이유는 용서하지 않는 마음이 우리를 해하기 때문입니다. 화평한 관계의 복은 용서받고 용서하는 자의 몫입니다. 용서의 기도는 바로 이러한 복을 경험케 합니다.

ㅣ ㅣ ㅣ

적용나눔 · "하나님, 제가 그의 허물을 용서했으니 제 허물도 용
서해 주세요"라고 기도한 적 있나요? 이처럼 내가 남
을 용서하는 것이 하나님께 용서받을 근거가 될 수
있을까요?

· 내가 죄인임을 하나님께 고백하는 것과 사람들 앞에
서 잘못을 시인하는 것 중 어느 것이 더 쉽나요? 내
죄의 빚은 얼마나 되고 누가 그 빚을 대신 값아 주실
수 있나요?

· 우리가 하나님께 진 죄의 빚과 이웃이 우리에게 진
죄의 빚을 비교한 후, 왜 우리가 이웃이 진 죄의 빚을
탕감해 주어야 하는지 나누어 보세요.

감사나눔 다 함께 감사와 기도제목을 나누고 한 주간 기도해요!

_____

_____

_____

마침기도 자비로우신 하나님, 이웃의 잘못만 크게 여기고 저희가 하나님
과 이웃에게 행한 허물은 사소하게 여겼음을 회개합니다. 그리
고 용서받을 것이 없는 것처럼 스스로를 의롭게 여긴 것을 회개
합니다. 용서받을 자격도, 죄의 빚을 갚을 수도 없는 저희를 긍휼
히 여기사 그리스도의 보혈로 정결케 해 주세요. 저희가 주님의
사랑을 늘 기억하며 이웃의 허물을 사랑으로 덮게 해 주세요. .

주기도문 가정예배를 마친 후, 서로 "사랑해요, 축복해요"라고 나눕니다.

하나님이 보호하시는 가정되길 원합니다

찬양 ♪ 찬송가 336장 환난과 핍박 중에도

시작기도 선한 목자 되신 하나님, 오늘도 주의 십자가 공로 의지하여 주 앞에 나아갑니다. 저희가 성령님의 조명하심으로 말씀을 바르게 이해하고 '아멘'으로 화답하게 해 주세요. 저희의 예배를 받아주시고 하늘의 복과 기쁨을 허락해 주세요.

말씀배움 마태복음 6장 13절 상반절을 함께 읽습니다.
우리를 시험에 들게 하지 마시옵고 다만 악에서 구하시옵소서.

ı ı ı

하나님은 우리의 보호자이시기에
악에서 건져 주시길 믿음으로 기도해야 합니다

풍요와 결핍, 화평과 대립, 안전과 위험이 공존하는 것이 우리의 현실입니다. 이런 현실에서 세상의 다른 무엇이 아닌 하나님이 우리의 풍요와 화평, 그리고 안전이 되어 주십니다. 우리는 하나님의 공급하심, 용서하심, 보호하심을 의지하여 믿음으로 기도해야 합니다. 예수님은 주기도문에서 이를 구하라고 말씀하십니다. 오늘 우리는 유혹과 악에서 건져 주시길 구하는 기도에 대하여 함께 살펴보겠습니다.

첫째, 유혹 앞에서 나의 연약함을 인식해야 합니다! 본문말씀에서 '시험'은 죄를 부추기는 유혹을 뜻합니다. 성도가 죄를 범하도록 유혹하는 세 가지 적은 '사탄, 세상, 자아'입니다. 그 적들의 유혹은 평생 지속되고, 우리 힘으로는 이길 수 없습니다. 이러한 싸움을 해 본 성도라면 누구나 내가 얼마나 연약하고 쉽게 넘어지는가를 인정합니다.

사도 바울은 다음과 같이 경고합니다: "그런즉 선 줄로 생각하는 자는 넘어질까 조심하라"(고전 10:12). 교만은 나 자신이 얼마나 연약한 존재인지를 모르는 것입니다. 반면, 겸손은 내 연약함을 인정하고 하나님을 의지하는 것입니다. 온갖 죄의 유혹 앞에서 내 신앙의 연륜, 선행, 확신을 의지하지 않는 것입니다. 성도는 오직 그리스도의 십자가, 하나님의 사랑, 성령의 능력을 의지하여 죄의 손짓에 등을 돌려야 합니다.

둘째, 악에서 구해 주시길 간구해야 합니다! 본문말씀에서 '악'은 내적인 악과 외적인 악 모두를 포함합니다. 내적인 악은 우리의 부패한 마음에서 일어나는 욕심, 간음, 위선, 미움, 거짓 등이고, 외적인 악은 환경적인 위험, 고통, 사탄의 속임수, 세상의 온갖 범죄 등입니다. 하나님의 보호하심을 의지하지 않고는 이러한 위험에서 건짐 받을 수 없습니다.

이 땅에 오신 예수님은 시험에 들지 않도록 깨어 기도하라고 말씀하셨습니다(마 26:41). 그러나 베드로, 야고보, 요한은 가장 중요한 순간에 기도로 깨어 있지 못했고, 그 결과 예수님을 부인하고 도망쳤습니다. 우리의 대제사장이신 예수님은 또한 이렇게 기도하셨습니다: "내가 비옵는 것은 그들을 세상에서 데려가시기를 위함이 아니요 다만 악에 빠지지 않게 보전하시기를 위함이니이다"(요 17:15). 이러한 예수님의 기도를 의지하여 기도하는 것은 우리의 특권입니다.

셋째, 하나님 아버지의 보호하심을 의지해야 합니다! 시험과 악에서 건져 주시길 구하는 기도는 하나님이 우리를 보호해 주시는 분이라는 진리를 근거로 합니다. 성경은 이러한 진리로 가득 채워져 있습니다. 다음은 시편 23편에 나오는 다윗의 고백입니다: "내가 사망의 음침한 골짜기로 다닐지라도 해를 두려워하지 않을 것은 주께서 나와 함께 하심이라 주의 지팡이와 막대기가 나를 안위하시나이다"(시 23:4).

또한 우리는 바울의 권고에도 귀를 기울여야 합니다: "사람이 감당할 시험 밖에는 너희가 당한 것이 없나니 오직 하나님은 미쁘사 너희가 감당하지 못할 시험 당함을 허락하지 아니하시고 시험 당할 즈음에 또한 피할 길을 내사 너희로 능히 감당하게 하시느니라"(고전 10:13). 우리는 내가 연약하다고 실망할 필요가 없습니다. 하나님이 우리의 영원한 보장이 되어 주시기 때문입니다.

| | |

적용나눔 · 하나님은 우리의 믿음을 시험하시지만 사탄은 우리
가 죄에 빠지도록 유혹합니다. 어떻게 이 둘을 분별
할 수 있는지 나누어 보세요.

· 우리가 맞서 싸워야 할 세 가지 적은 무엇인가요? 이
싸움에서 왜 하나님을 의지할 수밖에 없는지 나누어
보세요.

· 기도를 통하여 하나님이 죄의 유혹이나 환경적 위험
에서 건져 주신 경험이 있다면 나눈 후, 시편 121편을
다 함께 읽어 보세요.

감사나눔 다 함께 감사와 기도제목을 나누고 한 주간 기도해요!

_____

_____

_____

마침기도 선한 목자 되신 하나님, 저희는 연약하여 늘 넘어지오니 하나
님의 능력의 팔로 붙잡아 주세요. 죄와 세상 유혹의 물결이 저
희를 침몰케 할까 두렵사오니 긍휼히 여기사 죄에서 건져 주세
요. 저희 안에 있는 부패의 찌꺼기를 예수님의 보혈로 씻어 주
셔서 죄의 유혹에 빠지지 않게 해 주세요. 주님이 저희의 영원
한 보장이 되어 주심을 믿습니다.

주기도문 가정예배를 마친 후, 서로 "사랑해요, 축복해요"라고 나눕니다.

하나님께 영광 돌리는 가정되길 원합니다

찬양 ♩ 찬송가 20장 큰 영광 중에 계신 주

시작기도 하나님 아버지, 오늘도 크신 은혜로 저희를 인도해 주시고 지
켜 주셔서 감사합니다. 이 시간 저희의 메마른 영혼에 은혜의
단비를 내려 주세요. 주께로 더욱 가까이 이끌어 주세요.

말씀배움 마태복음 6장 13절 하반절을 함께 읽습니다.
나라와 권세와 영광이 아버지께 영원히 있사옵나이다 아멘.

ㅣ   ㅣ   ㅣ

하나님은 영원한 영광의 왕이시기에
그분께 모든 영광을 돌리며 기도를 맺어야 합니다

기도하는 주체는 우리이지만 기도의 주인공은 하나님이십니
다. 기도의 시작과 그 과정, 그리고 끝에는 하나님이 계십니다.
기도의 응답도 그러합니다. 하나님은 기도의 클라이맥스를 차
지하시는 분입니다. 본문말씀은 하나님이 영원한 영광의 왕이
시기에 그분께 영광을 돌리며 기도를 맺어야 함을 보여 줍니
다. 오늘 우리는 주기도문의 결론이 어떠한지 함께 살펴보겠
습니다.

첫째, 하나님이 하나님 되심을 인정하며 기도를 맺습니다! 주기도문은 하나님 아버지를 부르면서 시작합니다. 이어서 그분의 이름, 나라, 뜻을 간구하고, 그분의 채우심, 용서하심, 보호하심을 간구합니다. 그리고 하나님을 우리의 하나님으로 인정하면서 기도를 맺습니다.

'나라와 권세와 영광'은 하나님께 속한 것입니다. 하나님은 이 모든 것을 받기에 합당하신 분입니다. 그분께 마땅히 돌려야 할 것을 돌리는 것은 하나님을 하나님으로 고백하며 인정하는 것입니다. 하나님은 왕으로서 온 우주를 다스리십니다. 행하시는 모든 것을 통하여 영광을 취하십니다. 우리는 이것을 기억하면서 기도 후에도 하나님과의 동행을 이어가야 합니다.

둘째, 하나님의 응답을 기대하며 기도를 맺습니다! 하나님의 나라는 영원하고 그분의 권세는 무한하며 그분의 영광은 온 땅에 가득합니다. 이 진리를 고백하는 우리는 하나님의 권세 아래 사는 그분의 백성입니다. 우리는 믿음으로 그분의 영광을 바라보아야 합니다. 하나님을 전능자로, 늘 함께 하시는 아버지로 고백해야 합니다. 우리가 기도를 맺으면서 응답을 기대하는 것은 하나님이 우리를 다스리는 왕이시기 때문입니다.

많은 시편이 하나님을 향한 고통과 슬픔을 고백하는 탄원의 기도시입니다. 시편 기자들은 기도의 과정을 통하여 자신들의 고통과 슬픔을 하나님께 맡겼습니다. 그리고 기도를 마치면서 기도 응답에 대한 확신을 가지고 하나님을 찬양했습니다. 왜냐하면 하나님은 참 좋으신 아버지이자 전능자이시기 때문입니다. 하나님은 우리의 필요를 채우시고 응답하심으로써 그분의 권능과 영광을 드러내십니다. 이에 대한 우리의 믿음의 반응은 하나님께 나라와 권세와 영광을 돌리는 것입니다.

셋째, 하나님의 속성을 찬양하며 기도를 맺습니다! 사도 요한은 밧모 섬에 유배되었을 때, 네 생물들과 이십사 장로들이 하나님께 영광과 능력과 존귀를 돌리며 예배하는 것을 보았습니다(계 4:9-11). 이와 같이 기도의 클라이맥스에서 하나님께 영광과 존귀와 감사를 돌리는 것이 바로 예배입니다.

다윗은 원수 갚은 것을 여호와께 맡기면서 마지막으로 이렇게 고백했습니다: "나의 혀가 주의 의를 말하며 종일토록 주를 찬송하리이다"(시 35:28). 이처럼 우리의 기도의 결론은 모든 것을 들으시고 일하시며 응답하시는 하나님을 인정하고 기대하며 찬양하는 것이 되어야 합니다. 하나님께 속한 속성을 그분께 돌리는 것은 믿음의 고백과 선언이며 하나님을 영화롭게 하는 삶에 대한 갈망입니다. 바로 이것이 우리의 모든 기도의 클라이맥스가 되어야 합니다.

ㅣ　ㅣ　ㅣ

적용나눔 · 주로 어떤 내용으로 기도를 마무리하나요?

 · 가장 최근에 기도하면서 고백하고 찬양한 하나님의 속성은 무엇인가요?

· 이번 한 주 동안 믿음으로 응답을 기대하고 하나님을 높이는 기도를 드리기로 함께 결단하세요.

감사나눔 다 함께 감사와 기도제목을 나누고 한 주간 기도해요!

_____

_____

_____

마침기도 하나님 아버지, 하나님의 이름이 거룩히 여김을 받으시기를 원합니다. 하나님의 다스리심이 삶의 모든 영역으로 확장되길 원합니다. 하나님의 뜻이 온전히 이루어지길 원합니다. 주님이 저희에게 매일의 필요한 양식과 용서와 보호를 허락해 주실 것을 믿습니다. 저희의 모든 기도에 응답해 주시는 하나님 아버지께 감사와 찬송과 영광을 돌립니다.

주기도문 가정예배를 마친 후, 서로 "사랑해요, 축복해요"라고 나눕니다.

잘못을 용서하는 가정되길 원합니다

찬양 ♩ 찬송가 305장 나 같은 죄인 살리신

시작기도 사랑의 하나님, 주는 영광과 감사와 찬양을 받기에 합당하신
우리 아버지 되십니다. 이 시간 저희 가정예배를 기쁘게 받아
주시고, 저희 마음을 진리의 말씀으로 채워 주세요.

말씀배움 마태복음 6장 14-15절을 함께 읽습니다.
[14]너희가 사람의 잘못을 용서하면 너희 하늘 아버지께서도 너
희 잘못을 용서하시려니와 [15]너희가 사람의 잘못을 용서하지 아
니하면 너희 아버지께서도 너희 잘못을 용서하지 아니하시리라.

ㅣ ㅣ ㅣ

하나님은 용서의 은혜를 베푸시는 아버지이기에
그 은혜의 능력으로 용서를 실천해야 합니다

용서는 미덕입니다. 하지만 사랑과 함께 가장 실천되지 않는
것 중 하나입니다. 오늘날 우리 주위에서 벌어지는 싸움과 갈
등만 보아도 이를 알 수 있습니다. 그러나 우리 하나님은 용서
의 하나님이시며 용서는 그분의 명령입니다. 우리는 어렵더라
도 하나님의 은혜로 용서하며 살아가야 합니다. 오늘 우리는
용서의 실천에 대하여 함께 살펴보겠습니다.

첫째, 하나님의 은혜로 내가 용서 받았음을 기억하면서 용서를 실천해야 합니다! 우리가 용서해야 하는 근본 이유는 하나님이 우리의 모든 죄와 저주를 그 아들 예수 그리스도께 담당케 하심으로 우리 죄의 빚을 탕감해 주셨기 때문입니다. 우리가 이 은혜를 망각하면 우리에게 잘못한 자들을 용서하라는 주님의 말씀을 잊기 쉽습니다. 사실 우리가 하나님과 이웃에게 지은 모든 죄를 다 합치면 이웃이 우리에게 범한 죄보다 분명 많을 것입니다.

누군가에게 용서는 죽기보다 싫은 것일 수 있습니다. 그러나 용서하지 않는 것이 우리 영혼을 해하고 삶을 파괴할 수 있습니다. 주님이 용서를 명하신 이유는 우리가 분노, 증오, 원한의 감옥에서 나와 기쁨, 평강, 사랑을 맛보게 하려 하심입니다. 우리가 그리스도의 용서의 복음으로 원한을 극복하고 용서를 실천하면 참 자유를 누리게 될 것입니다.

둘째, 용서를 거부하는 것이 하나님의 용서를 막기에 용서를 실천해야 합니다! 우리에게 죄 지은 자를 용서하지 않으면 하나님께서도 우리의 죄를 용서하지 않겠다고 말씀하십니다. 즉, 우리가 용서하지 않으려는 것은 하나님의 용서를 스스로 막아서는 것과 같습니다. 우리는 하나님과 친밀한 관계를 위하여 용서를 실천해야 합니다. 하나님의 용서를 망각하고 용서를 거부하면, 이는 하나님의 용서를 부정하는 것입니다.

우리는 늘 죄를 범하기에 누구보다 용서가 필요한 존재임을 명심해야 합니다. 만약 하나님과 이웃에게는 용서 받길 원하면서 다른 사람을 용서하지 않으면 그것은 자기모순입니다. 내가 이웃에게 용서 받길 원하듯 나도 이웃에게 용서를 베풀어야 합니다.

셋째, 긍휼히 여기는 마음으로 용서를 실천해야 합니다(마 18:33-35)! 용서하기 위해서는 먼저 우리 마음이 하나님의 사랑으로 가득 채워져 있어야 합니다. 하나님이 나 같은 죄인을 어떻게 용서해 주셨는지를 늘 기억하고, 내가 하나님의 아들이 죽을 수밖에 없을 정도로 악한 죄인임을 잊지 말아야 합니다.

용서는 그리스도의 긍휼과 사랑의 마음으로 내게 잘못한 자들을 긍휼히 여길 때에야 비로소 가능합니다. 용서는 억지가 아닌 긍휼과 사랑의 마음에서 맺어지는 열매입니다. 용서를 실천하는 사람이야말로 이웃의 죄로 인한 비참함을 극복하는 참 승리자입니다.

ㅣ ㅣ ㅣ

적용나눔 · 예수님은 왜 우리에게 용서를 명령하셨는지, 그리고 우리는 왜
내게 잘못한 사람을 용서해야 하는지 함께 나누어 보세요.

· 용서하려는 마음을 막는 것은 무엇인가요? 용서가 어려운 가
장 큰 이유는 무엇인가요?

· 내게 잘못한 사람을 증오하는 대신 어떻게 하면 긍휼히 여기고
용서할 수 있을지 함께 나누어 보세요.

감사나눔 다 함께 감사와 기도제목을 나누고 한 주간 기도해요!

_____

_____

_____

마침기도 사랑의 하나님, 저희가 용서하기보다 용서받길 원하며 살아왔
음을 회개합니다. 저희가 예수님의 십자가 죽음이 아니고는 용
서 받을 수 없는 죄인임을 기억하며 미움의 대상을 용서하게
해 주세요. 용서함으로써 참된 회복과 자유, 그리고 승리를 경
험하게 해 주세요. 저희에게 잘못한 사람을 용서할 수 있는 용
기, 그리고 긍휼과 사랑의 마음을 허락해 주세요.

주기도문 가정예배를 마친 후, 서로 "사랑해요, 축복해요"라고 나눕니다.

바른 금식을 하는 가정되길 원합니다

찬양 ♪ 찬송가 455장 주님의 마음을 본받는 자

시작기도 🖐 중심을 보시는 하나님, 저희 가정을 예배의 자리로 인도해 주셔서 감사합니다. 저희 온 식구가 즐겁고 감사한 마음으로 예배할 수 있도록 주께로 가까이 이끌어 주세요.

말씀배움 📄 마태복음 6장 16-18절을 함께 읽습니다.
¹⁶금식할 때에 너희는 외식하는 자들과 같이 슬픈 기색을 보이지 말라 그들은 금식하는 것을 사람에게 보이려고 얼굴을 흉하게 하느니라 내가 진실로 너희에게 이르노니 그들은 자기 상을 이미 받았느니라 ¹⁷너는 금식할 때에 머리에 기름을 바르고 얼굴을 씻으라 ¹⁸이는 금식하는 자로 사람에게 보이지 않고 오직 은밀한 중에 계신 네 아버지께 보이게 하려 함이라 은밀한 중에 보시는 네 아버지께서 갚으시리라.

ㅣ　ㅣ　ㅣ

하나님은 은밀히 보시기에 우리는 금식할 때에
나 자신을 잊고 하나님께 집중해야 합니다

예수님 당시 바리새인들은 자신들의 경건을 드러내고 사람들에게 인정 받기 위하여 구제와 기도뿐 아니라 금식까지도 사용했습니다. 예수님은 그들의 위선을 경고하시며 은밀한 중에 보시는 하나님께 금식해야 한다고 말씀하십니다. 오늘 우리는

바른 금식이란 무엇인지 함께 살펴보겠습니다.

첫째, 금식할 때에 사람의 주의를 끌지 말아야 합니다! 금식한다고 말하는 것이 잘못은 아닙니다. 그러나 금식한다고 얼굴을 흉하게 하여 사람들의 관심을 끄는 것은 잘못입니다. 남들에게 위대하고 경건한 하나님의 사람처럼 보이려고 하는 것은 위선입니다. 단지 인정 받기 위하여 금식하면서 자신의 소중한 목숨을 거는 것은 만용입니다.

사람의 인정을 갈망하면 사람의 인정에 지배받는 종이 될 수밖에 없습니다. 그러면 외식하는 종교인이 되어 하나님을 진정으로 섬길 수 없게 됩니다. 진실한 하나님의 사람은 '열정적이고 헌신된 하나님의 사람처럼 보이는 가면'을 거부합니다. 오히려 자신의 연약함과 죄인 됨을 인정합니다. 금식을 자기 의로 여기지 않습니다. 오직 하나님만을 의지하고 그분의 영광만이 드러나길 원합니다.

둘째, 금식할 때에 일상적으로 행동해야 합니다! 금식을 하면 살과 기력이 빠져 수척하고 슬퍼 보일 수 있습니다. 구약 시대의 금식이 확실히 그러했습니다. 그때는 머리를 풀고 재를 뿌리고 회개하며 금식했습니다. 이렇게 함으로써 하나님 앞에 자기 마음을 낮추고 그분의 긍휼을 구한 것입니다. 그런데 이러한 행동의 동기가 사람의 칭찬이라면 위선적인 금식이 되고 맙니다.

우리가 사람의 칭찬이라는 유혹을 물리치려면 금식하는 것처럼 보이려 하지 말아야 합니다. 일상적인 모습을 유지하여 사람들의 관심이나 환심을 유도하지 말아야 합니다. 그때에 우리는 사람의 인정이라는 유혹을 물리칠 수 있습니다. 사람의 칭찬을 위한 금식은 '굶식'일 뿐입니다. 바른 금식이란 자신까지도 온전히 잊고 하나님께 집중하는 것임을 기억하십시오.

셋째, 참 마음의 금식을 하나님께 해야 합니다! 사람의 칭찬이 동기가 된 위선적인 금식은 사람을 감동시킬 수는 있어도 하나님을 감동시킬 수는 없습니다. 오히려 하나님의 진노를 쌓을 뿐입니다. 무엇이든 마음의 동기가 순수해야 바른 신앙 행위가 됩니다.

금식은 생존에 필요한 음식을 끊고 하나님께 매달려 전념하는 것입니다. 하나님의 도우심을 구하며 자신을 하나님께 의탁하는 것입니다. 우리는 금식할 때에 죄악 된 동기가 섞이지 않는 순전한 마음으로 하나님의 얼굴을 구해야 합니다. 내가 금식하는 것을 사람들이 몰라준다고 섭섭해 할 필요가 없습니다. 오히려 사람들이 알아주길 원할 때에 문제가 됩니다.

하나님은 우리 마음 가장 깊은 곳에서 일어나는 모든 것을 아시는 분입니다. 하나님께 있는 그대로 나아가 그분의 도우심과 자비를 구할 때, 금식은 아버지의 뜻을 이루는 강력한 도구가 될 것입니다.

ㅣ ㅣ ㅣ

적용나눔 · 금식을 해 본 적 있나요? 그때 어떤 유혹을 받았는지
나누어 보세요.

· 사람들에게 멋진 신앙인으로 보이고픈 유혹을 받나
요? 그러면 그때 어떻게 하나요?

· '금식'이 '굶식'이 아닌 하나님을 온전히 구하는 것이
되려면 어떻게 해야 할까요? 성경적 금식의 유익은
무엇인지 나누어 보세요.

감사나눔 다 함께 감사와 기도제목을 나누고 한 주간 기도해요!

_____

_____

_____

마침기도 중심을 보시는 하나님, 저희 마음을 예수님의 보혈로 정결하게
씻어 주세요. 사람들의 칭찬과 인정을 받을 때만 신앙의 의무
를 행하려는 저희의 어리석음을 용서해 주세요. 이제 저희 가
정이 참된 마음으로 하나님의 얼굴을 구하고 하나님의 영광을
경험하며 하나님의 뜻을 이루게 해 주세요.

주기도문 가정예배를 마친 후, 서로 "사랑해요, 축복해요"라고 나눕니다.

보물을 하늘에 쌓는 가정되길 원합니다

찬양 🎵 찬송가 38장 예수 우리 왕이여

시작기도 🖐 찬양 중에 거하시는 하나님, 저희가 오직 주님만을 온 맘 다해
찬양하는 가정되길 원합니다. 이곳에 오셔서 저희의 예배를 받
아 주세요. 저희가 주의 말씀을 깨달아 회개하고 순종하도록
인도해 주세요.

말씀배움 📄 마태복음 6장 19-21절을 함께 읽습니다.
[19]너희를 위하여 보물을 땅에 쌓아 두지 말라 거기는 좀과 동록
이 해하며 도둑이 구멍을 뚫고 도적질하느니라 [20]오직 너희를 위
하여 보물을 하늘에 쌓아 두라 거기는 좀이나 동록이 해하지 못
하며 도둑이 구멍을 뚫지도 못하고 도적질도 못하느니라 [21]네 보
물 있는 그 곳에는 네 마음도 있느니라.

| | |

보물이 있는 곳에 마음도 있기에
땅이 아닌 하늘에 보물을 쌓아야 합니다

하나님을 보물처럼 높이는 것은 '예배'이나 재물을 보물처럼
쌓는 것은 '탐심'입니다. 우리는 이 땅에 보물을 쌓을 것인지,
아니면 하늘에 쌓을 것인지 늘 선택의 기로에 서 있습니다. 예
수님은 우리 마음의 탐심을 경계하시며 보물을 하늘에 쌓아
두라고 말씀하십니다. 오늘 우리는 하늘에 보물을 쌓기 위하

여 어떤 선택을 해야 하는지 함께 살펴보겠습니다.

첫째, 탐심을 피하도록 선택해야 합니다! 우리 마음의 근본적 문제 중 하나는 '탐심'입니다. 예수님은 유산 문제로 다투는 자들에게 이렇게 말씀하십니다: "삼가 모든 탐심을 물리치라 사람의 생명이 그 소유의 넉넉한 데 있지 아니하니라"(눅 12:15). 이 땅에 재물을 축적하여 영원을 보장하려는 시도가 바로 탐심입니다. 그렇게 쌓은 재물은 날개 달린 새처럼 한순간에 날아가 버릴 수 있습니다.

예수님이 금하신 것은 개인 재산 소유, 미래를 대비하는 저축, 물질적인 것을 누림이 아닙니다. 재물을 축적하는 탐심, 자신만을 위하여 축적하는 이기심입니다. 그리고 자신이 축적해 놓은 것을 의지하는 그릇된 믿음입니다.

둘째, 영원한 중요성을 가지는 일을 하도록 선택해야 합니다! 보물을 쌓는다는 것은 귀중한 것을 보관하는 활동을 뜻합니다. 그리고 하늘에 쌓는다는 것은 영원한 중요성을 가지는 일을 한다는 것입니다. 하늘에 쌓는 것은 영원한 하나님 나라에 쌓는 것이므로 잃어버리거나 손상되거나 도둑맞을 염려가 전혀 없습니다. 따라서 하늘에 쌓는 것만이 재물로 인한 염려와 문제를 제거하는 길입니다.

"믿음, 소망, 사랑 이 세 가지는 항상 있을 것"(고전 13:13)이기에 이와 관련된 일은 영원히 남을 것입니다. 예를 들어, 누군가가 예수님을 믿도록 돈을 사용하면 영원히 남을 것입니다. 절망에 빠진 사람에게 천국 소망을 주면 영원히 기억될 것입니다. 믿음, 소망, 사랑은 믿는 자의 인격입니다. 이러한 인격을 쌓는 것은 결코 사라지지 않습니다.

셋째, 위의 것에 마음을 두도록 선택해야 합니다! 우리의 마음은 내가 값지게 여기는 것을 따라갑니다. 그것이 재물이면 내 마음이 재물에 있는 것이고, 그것이 하나님이면 내 마음이 하나님께 있는 것입니다. 그러하기에 우리는 무엇보다 마음을 잘 지켜야 합니다. 다음은 잠언 4장 23절 말씀입니다: "모든 지킬 만한 것 중에 더욱 네 마음을 지키라 생명의 근원이 이에서 남이니라."

참된 보화는 그리스도 안에 감추어져 있습니다(골 2:3). 나의 보화가 재물이 되면 우상숭배자가 되고 맙니다(골 3:5). 우리는 마음을 하늘에 두고 위의 것을 생각하고 찾아야 합니다(골 3:1-2). 그 이유는 "우리가 주목하는 것은 보이는 것이 아니요 보이지 않는 것이니 보이는 것은 잠깐이요 보이지 않는 것은 영원함"(고후 4:18)이기 때문입니다.

ı ı ı

적용나눔

- 내가 귀하게 여기는 보물은 무엇인가요? 그것에 마음이 끌리는 것은 내 마음의 어떠함을 보여 주나요?
- 오늘 내가 행한 일들 가운데 무엇이 영원한 하나님 나라에서 영원히 기억될 것 같나요?
- 오늘 가장 많이 생각한 것은 무엇인가요? 나는 하나님과 그 나라의 일을 얼마나 생각하며 살아가는지 돌아보세요.

감사나눔
다 함께 감사와 기도제목을 나누고 한 주간 기도해요!

_____

_____

_____

마침기도
찬양 중에 거하시는 하나님, 저희 안에 돈을 사랑하는 탐심이 있음을 고백하며 회개합니다. 저희 가정이 오직 주님만을 가장 귀히 여기게 해 주세요. 주님이 귀히 여기시는 것들을 하늘에 쌓으며 살아가도록 저희 마음을 탐심으로부터 지켜 주세요. 영원히 가치 있는 것을 선택하는 믿음의 용기와 지혜를 허락해 주세요.

주기도문
가정예배를 마친 후, 서로 "사랑해요, 축복해요"라고 나눕니다.

영적 시각으로 보는 가정되길 원합니다

40주

찬양 🎵 찬송가 366장 어두운 내 눈 밝히사

시작기도 인자하신 하나님, 늘 저희 가정을 사랑해 주시고 보호해 주셔서 감사합니다. 이 시간 저희 눈을 열어 주님을 보게 하여 주시고 죄를 회개하게 해 주세요.

말씀배움 마태복음 6장 22-23절을 함께 읽습니다.
²²눈은 몸의 등불이니 그러므로 네 눈이 성하면 온몸이 밝을 것이요 ²³눈이 나쁘면 온몸이 어두울 것이니 그러므로 네게 있는 빛이 어두우면 그 어둠이 얼마나 더하겠느냐.

＼ ＼ ＼

인생에서 무엇이 중요한지 볼 수 있는
영적 시각이 있어야 합니다

눈으로 볼 수 있다는 것은 큰 축복이고, 시력은 건강한 삶을 위하여 필수입니다. 이는 영적 시력에도 적용됩니다. 안타깝게도 영적 시력을 잃은 많은 크리스천들이 인생에서 중요한 것들을 놓치고 있습니다. 오늘 우리는 바른 삶을 위한 영적 시각에 대하여 함께 살펴보겠습니다.

첫째, 영적 감각을 받아야 합니다! 성경에서 '본다', '듣는다'라는 표현은 대부분 영적 시력과 청력을 은유적으로 표현한 것입니다. 이사야 선지자는 백성이 듣기는 들어도 깨닫지 못하고 보기는 보아도 알지 못하는 것이 마음의 둔함 때문이라고 말했습니다(사 6:9-10). 또한 바리새인들이 예수님을 메시야로 알아보지 못한 것은 그 마음의 눈이 교만, 탐욕, 질투로 멀어 있었기 때문입니다.

하나님을 볼 수 있는 눈, 자신의 죄의 비참함을 볼 수 있는 영적 시각은 저절로 생기는 것이 아닙니다. 몸의 시력은 출생과 함께 주어지지만 영혼의 시력은 거듭남을 통하여 주어집니다. 우리는 영혼의 시력을 위하여 죄를 인정하고 회개해야 합니다. "주여, 내가 보기를 원하나이다. 내 눈을 열어 보게 하소서"라고 간구해야 합니다.

둘째, 바른 관점을 견지해야 합니다! 영적 시각은 삶의 중요한 것을 볼 수 있게 해 줍니다. 그리고 중요하고 중요치 않은 것, 옳고 그른 것, 해야 할 것과 하지 말아야 할 것 등을 분별해 그에 따라 행하는 삶을 살아가게 합니다. "네 눈이 성하면 온 몸이 밝을 것이요"라는 예수님의 말씀은 바른 관점으로 살면 삶 전체가 말씀의 빛 가운데 행하게 된다는 것을 의미합니다.

그러나 세상의 찬란한 빛에 눈이 멀면 하나님과 이웃을, 그리고 삶의 진정한 목적을 놓치고 맙니다. 돈이 얼마나 있느냐에 따라 자신과 이웃을 판단하게 되고, 돈을 따라가다가 낭패를 당하게 됩니다. 우리는 말씀에 입각한 바른 재물관, 이웃관, 인생관, 세계관을 가지고 하나님과 이웃을 사랑하며 사는 것이 참된 성공과 행복임을 명심해야 합니다.

셋째, 영적 무지의 결과를 피해야 합니다! 영적 시각이 없어서 바른 관점으로 살지 못하면 어둠에 갇혀 사는 것과 같습니다. 여기서 '어둠'은 죄로 황폐해진 삶, 죄로 인한 속박, 사탄의 인질이 된 상태를 뜻합니다. 아브라함의 조카 롯은 물질적으로는 풍요하나 죄악 된 도성인 소돔을 택하여 떠났다가 그 선택으로 모든 것을 잃고 전쟁 포로로 잡혀갔습니다(창 13:10-13;14,18장).

예수님은 '세상의 빛'이십니다. 우리가 빛이신 예수님을 믿음의 눈으로 바라보지 못하면 죄로 인하여 어둠에 빠질 수밖에 없습니다. 우리는 믿음의 눈으로 주님을 바라봄으로써 죄로 황폐해진 삶을 피해야 합니다. 항상 빛이신 예수님을 바라보고 따라가야 합니다. "나는 세상의 빛이니 나를 따르는 자는 어둠에 다니지 아니하고 생명의 빛을 얻으리라"(요 8:12).

| | |

적용나눔

- 주님께 영적 시각을 선물로 받았나요? 지금 어떤 시각으로 하나님, 세상, 그리고 자신을 바라보고 있나요?
- 세상을 이해하는 관점이 세상 가치관이나 돈에 근거하고 있나요, 아니면 주님의 말씀에 근거하고 있나요? 바른 관점으로 삶을 이해하고 살려면 어떻게 해야 하는지 나누어 보세요.
- 롯과 같은 선택을 한 적 있다면 나누어 주세요. 그 결과는 어떠했나요?

감사나눔

다 함께 감사와 기도제목을 나누고 한 주간 기도해요!

_____

_____

_____

마침기도

인자하신 하나님, 저희가 세상 가치관을 따라 판단하고 탐심을 따라 행한 모든 죄를 회개합니다. 빛이신 예수님을 따르지 않은 저희의 죄를 용서해 주세요. 이제는 오직 주님만이 저희 가정의 참 빛이 되어 주시길 원합니다. 저희 눈을 밝히 열어 주셔서 말씀의 빛 가운데 행할 수 있도록 인도해 주세요.

주기도문

가정예배를 마친 후, 서로 "사랑해요, 축복해요"라고 나눕니다.

한마음으로 섬기는 가정되길 원합니다

찬양 ♪   찬송가 215장 내 죄 속해 주신 주께

시작기도   전능하신 하나님, 온 우주와 그 가운데 있는 모든 것을 다스리
🖐   시는 하나님 아버지를 송축합니다. 이 시간 저희를 만나 주시
   고 저희 영혼을 주의 사랑으로 가득 채워 주세요. 하늘의 기쁨
   을 누리게 해 주세요.

말씀배움   마태복음 6장 24절을 함께 읽습니다.
📄   한 사람이 두 주인을 섬기지 못할 것이니 혹 이를 미워하고 저를
   사랑하거나 혹 이를 중히 여기고 저를 경히 여김이라 너희가 하
   나님과 재물을 겸하여 섬기지 못하느니라.

| | |

하나님은 유일한 주님이시기에
전심으로 그분만을 섬겨야 합니다

우리는 신앙생활을 하면서 하나님을 섬기는 것과 경쟁이 되는
것들을 자주 만납니다. 그중에 하나가 바로 '돈'입니다. 예수님
은 이를 아시고 전심으로 그분만을 섬겨야 한다고 말씀하십니
다. 왜냐하면 하나님만이 우리의 유일한 주님이시기 때문입니
다. 오늘 우리는 어떻게 하면 하나님만 섬길 수 있는지 함께 살
펴보겠습니다.

첫째, 두 주인을 섬기려는 어리석음을 물리쳐야 합니다! 우리 삶을 다스리는 분은 오직 하나님 한 분이십니다. 참된 성도라면 하나님과 세상을 동일한 위치에 놓고 섬기는 것이 불가능합니다. 만약 우리가 두 주인을 섬긴다면, 이는 자기 삶을 망가뜨리는 행위이며 스스로를 해치는 악행입니다.

세상도 얻고 하나님도 얻으려는 것은 탐심으로부터 온 것입니다. 탐심은 우상숭배입니다(골 3:5). 구약의 이스라엘 백성은 언약의 하나님뿐 아니라 '바알'이라는 풍요의 신도 섬겼습니다. 이로써 여호와를 버리고 심판을 자초했습니다. 우리의 삶은 양자택일해야 하는 선택의 연속입니다. 하나를 버려야 다른 하나에 전념할 수 있습니다. 이것이 지혜입니다.

둘째, 돈의 종이 되지 말고 돈을 종으로 부려야 합니다! 예수님은 "돈을 미워하라, 경홀히 여기라"고 말씀하지 않으시고 "돈을 섬기는 돈의 종이 되지 말라"고 말씀하셨습니다. 돈을 주인으로 섬기는 것만큼 어리석은 행동은 없습니다. 돈은 폭군처럼 사람을 부리기에 돈의 마력에 지배를 받지 않는 사람이 지혜로운 자입니다.

돈으로 편리함을 살 수는 있어도 참된 행복을 살 수는 없습니다. 세상 사람들은 돈을 사랑함으로써 쉽게 돈의 노예가 되지만 예수님을 믿는 우리는 돈을 종으로 부려야 합니다. 그러한 믿음의 용기가 필요합니다.

하나님은 우리를 청지기로 세우셨습니다. 우리는 그분의 청지기로서 돈을 유용하게 사용하는 지혜가 필요합니다. 돈에 마음이 좌지우지되지 않고, 돈을 다스리는 자유가 필요합니다. 우리는 가치 있고 영원히 남을 믿음, 소망, 사랑의 일에 돈을 사용함으로써 하늘에 보화를 쌓아야 합니다.

셋째, 하나님을 유일한 주님으로 섬겨야 합니다! 우리에게 생명을 주시는 분은 하나님 한 분밖에 없습니다. 그런데 세상 사람들은 풍성한 생명이 돈에 있다고 믿습니다. 크리스천 중에도 물질적 축복을 얻으려고 하나님께 열심을 내는 이들이 있습니다. 그러나 나의 행복, 나의 풍요, 나의 부를 위하여 하나님을 섬기는 것은 자기 숭배, 곧 우상 숭배입니다.

우리가 하나님을 섬기는 이유는 하나님 외에 다른 것이 없습니다. 유일한 주님이신 하나님은 우리의 경배와 찬양을 받으시기에 합당한 분입니다. 우리는 온 마음을 다하여 그분을 사랑하고 예배해야 합니다. 돈의 마력이 아닌 하나님의 사랑으로 만족할 때, 우리는 진정으로 행복할 수 있습니다.

ㅣ ㅣ ㅣ

적용나눔 · 지금 내 마음을 다스리는 것, 내 마음의 우선순위는
무엇인지 나누어 보세요.

· 왜 우리 마음은 돈에 끌릴까요? 우리는 왜 돈을 사랑
하지 말아야 할까요?(딤전 6:8-10)

· 부자가 되기 위해 하나님을 섬기는 것이 왜 잘못된
것인가요?

감사나눔 다 함께 감사와 기도제목을 나누고 한 주간 기도해요!

_____

_____

_____

마침기도 전능하신 하나님, 저희는 종종 주님을 이용하여 저희 욕망을
채우려 했고, 하나님도 섬기고 재물도 섬기려 했습니다. 이러한
저희의 악한 죄를 용서해 주세요. 이제는 저희가 그리스도 안
에 있는 참된 부요함으로 만족을 누리게 해 주세요. 나뉘지 않
은 한마음으로 하나님만을 저희의 유일한 주님으로 예배하고
사랑하게 해 주세요.

주기도문 가정예배를 마친 후, 서로 "사랑해요, 축복해요"라고 나눕니다.

42주

염려하지 않는 가정되길 원합니다

찬양 🎵 찬송가 588장 공중 나는 새를 보라

시작기도 참된 만족되시는 하나님, 오늘의 가정예배를 통하여 모든 걱정을 내려놓고 오직 주님 한 분만으로 만족하길 원합니다. 저희가 늘 하나님을 영화롭게 하는 삶을 살아갈 수 있도록 붙들어 주세요.

말씀배움 마태복음 6장 25-34절을 함께 읽습니다.

[25]그러므로 내가 너희에게 이르노니 목숨을 위하여 무엇을 먹을까 무엇을 마실까 몸을 위하여 무엇을 입을까 염려하지 말라 목숨이 음식보다 중하지 아니하며 몸이 의복보다 중하지 아니하냐 [26]공중의 새를 보라 심지도 않고 거두지도 않고 창고에 모아들이지도 아니하되 너희 하늘 아버지께서 기르시나니 너희는 이것들보다 귀하지 아니하냐 [27]너희 중에 누가 염려함으로 그 키를 한 자라도 더할 수 있겠느냐 [28]또 너희가 어찌 의복을 위하여 염려하느냐 들의 백합화가 어떻게 자라는가 생각하여 보라 수고도 아니하고 길쌈도 아니하느니라 [29]그러나 내가 너희에게 말하노니 솔로몬의 모든 영광으로도 입은 것이 이 꽃 하나만 같지 못하였느니라 [30]오늘 있다가 내일 아궁이에 던져지는 들풀도 하나님이 이렇게 입히시거든 하물며 너희일까 보냐 믿음이 작은 자들아 [31]그러므로 염려하여 이르기를 무엇을 먹을까 무엇을 마실까 무엇을 입을까 하지 말라 [32]이는 다 이방인들이 구하는 것이라 너희 하늘 아버지께서 이 모든 것이 너희에게 있어야 할 줄을 아시느니라 [33]그런즉 너희는 먼저 그의 나라와 그의 의를 구하라 그리하면 이 모든 것을 너희에게 더하시리라 [34]그러므로 내일 일을 위하여 염려하지 말라 내일 일은 내일이 염려할 것이요 한 날의 괴로움은 그 날에 족하니라.

하나님이 우리를 돌보시기에
믿음으로 염려를 멈추어야 합니다

염려가 백해무익함을 알면서도 우리는 염려하는 것을 잘 멈추지 못합니다. 그러나 예수님은 염려를 멈추라고 명하십니다. 왜냐하면 하나님이 우리를 돌보시기 때문입니다. 오늘 우리는 염려를 그쳐야 하는 이유에 대하여 함께 살펴보겠습니다.

첫째, 염려는 아무것도 이루지 못합니다! 우리는 "너희 중에 누가 염려함으로 그 키를 한 자라도 더할 수 있겠느냐"(27절)라는 예수님의 말씀을 알면서도 염려를 잘 억제하지 못합니다. 염려한다고 해서 더 나아지는 것은 하나도 없습니다. 오히려 염려는 공황장애, 위장장애, 근육수축, 수면장애, 식욕저하, 집중력 저하 등을 유발합니다. 일의 능률을 저하시키고 계획한 일을 망치게 하기도 합니다.

둘째, 염려는 믿음의 사기를 떨어뜨립니다! 염려는 믿음의 결핍에서부터 옵니다(30절). 그래서 염려와 믿음은 반비례합니다. 하나님이 우리의 필요를 채우신다는 믿음이 저하되면, 염려 수치가 상승합니다. 눈에 보이는 부정적 현실에 지배를 받으면, 염려는 습관이 되고 믿음은 유명무실해집니다. 믿음의 사기가 떨어지고 불평이 충만해집니다. 그때는 오직 하나님의 선하심에 대한 단순하고 확실한 믿음만이 염려의 공격을 무력화시킬 수 있습니다.

셋째, 염려는 비본질적인 것들에 집착하게 만듭니다! 무엇을 먹을까 마실까 입을까에 대하여 염려하는 것은 타당해 보입니다. 그러나 음식과 의복보다 더 중요한 것은 몸의 생명입니다. 생명이 본질적인 것입니다. 염려는 우리가 외적이고 비본질적인 것들에 집착하게 만듭니다. 그러나 성도의 삶에 우선순위는 하나님, 사랑, 생명 등과 같은 본질적인 것이어야 합니다.

넷째, 염려는 하나님의 백성에게 어울리지 않습니다! "이는 다 이방인들이 구하는 것이라"(32절)는 예수님의 말씀은 의식주 문제로 염려하는 것이 성도에게 합당치 않다는 의미입니다. 삶의 필요를 하나님 아버지께 구하는 것은 믿음이지만, 그것들로 염려하는 것은 세상 사람들과 같아지는 것입니다. 우리가 하나님의 사랑 안에 살아가면, 모든 필요를 채워 주시는 하나님께 모든 것을 맡기고 안식할 수 있습니다.

다섯째, 염려하는 것은 한 날의 괴로움으로도 충분합니다! 하루에도 충분히 다루어야 할 어려움이 많은데 이에 대하여 내일까지 염려할 이유는 없습니다. 염려한다고 내일의 문제가 더 수월해지는 것도 아닙니다. 내일에 대한 불안을 오늘의 수고에 더하는 것은 어리석은 짓입니다. 염려하는 대신 내가 지금 해야 할 일에 집중하는 것이 지혜입니다. 우리에게 진정 필요한 것은 염려를 멈추는 믿음의 실력입니다.

| | |

적용나눔 · 염려는 두려움에서 옵니다. 지금 나는 과거, 현재, 미
　래의 무엇을 두려워하고 염려하고 있는지 솔직히 나
　누어 보세요.

· 염려를 멈출 수 없을 때, 어떻게 하나요? 염려를 무엇
으로 바꾸면 좋을지 나누어 보세요.

· 내일의 염려에 빠져 있는 사람에게 어떻게 조언하면
좋을까요?

감사나눔 다 함께 감사와 기도제목을 나누고 한 주간 기도해요!

_____

_____

_____

마침기도 참된 만족되시는 하나님, 저희는 종종 하나님의 사랑과 공급하
심을 의심하고 염려에 빠지곤 합니다. 이처럼 온전치 못한 믿
음으로 살아가는 저희를 불쌍히 여겨 주세요. 이제는 저희 가
정이 하나님 아버지를 온전히 의지하고 사랑할 수 있게 해 주
세요. 저희의 무익한 염려를 믿음의 기도로 변화시켜 주세요.

주기도문 가정예배를 마친 후, 서로 "사랑해요, 축복해요"라고 나눕니다.

하나님의 나라를 구하는 가정되길 원합니다

찬양 🎵 찬송가 384장 나의 갈 길 다 가도록

시작기도 🖐 하나님 아버지, 오늘도 변함없는 주의 사랑으로 저희의 모든 필요를 채워 주셔서 감사합니다. 오늘도 주님을 기뻐하고 주님의 살아 계심을 경험하는 복된 가정예배가 되게 해 주세요.

말씀배움 📄 마태복음 6장 25-34절을 함께 읽습니다.

25그러므로 내가 너희에게 이르노니 목숨을 위하여 무엇을 먹을까 무엇을 마실까 몸을 위하여 무엇을 입을까 염려하지 말라 목숨이 음식보다 중하지 아니하며 몸이 의복보다 중하지 아니하냐 26공중의 새를 보라 심지도 않고 거두지도 않고 창고에 모아들이지도 아니하되 너희 하늘 아버지께서 기르시나니 너희는 이것들보다 귀하지 아니하냐 27너희 중에 누가 염려함으로 그 키를 한 자라도 더할 수 있겠느냐 28또 너희가 어찌 의복을 위하여 염려하느냐 들의 백합화가 어떻게 자라는가 생각하여 보라 수고도 아니하고 길쌈도 아니하느니라 29그러나 내가 너희에게 말하노니 솔로몬의 모든 영광으로도 입은 것이 이 꽃 하나만 같지 못하였느니라 30오늘 있다가 내일 아궁이에 던져지는 들풀도 하나님이 이렇게 입히시거든 하물며 너희일까 보냐 믿음이 작은 자들아 31그러므로 염려하여 이르기를 무엇을 먹을까 무엇을 마실까 무엇을 입을까 하지 말라 32이는 다 이방인들이 구하는 것이라 너희 하늘 아버지께서 이 모든 것이 너희에게 있어야 할 줄을 아시느니라 33그런즉 너희는 먼저 그의 나라와 그의 의를 구하라 그리하면 이 모든 것을 너희에게 더하시리라 34그러므로 내일 일을 위하여 염려하지 말라 내일 일은 내일이 염려할 것이요 한 날의 괴로움은 그 날로 족하니라.

하나님의 나라와 의를 구할 때에
우리의 모든 것을 채워주실 것을 믿어야 합니다

염려는 마음의 습관입니다. 염려에 지나친 관심을 기울이면 벗어날 수 없게 되므로 그 관심을 주님께로 돌리는 것이 염려를 멈추는 길입니다. 예수님은 하나님을 하늘 아버지라고 부르시면서 그분이 모든 것을 돌보신다고 말씀하십니다. 오늘 우리는 어떻게 하면 염려를 멈출 수 있는지 함께 살펴보겠습니다.

첫째, 피조물을 돌보시는 하나님의 섭리를 살펴보아야 합니다! 하나님은 공중의 새, 들의 백합화 등 모든 것을 돌보시는 섭리의 하나님이십니다. 우리는 공중의 새를 먹이시고 들의 백합화를 입히시는 하나님의 섭리를 보면서 의식주 문제로 염려하는 것이 얼마나 무익한지를 깨닫게 됩니다.

염려가 엄습할 때마다 우리는 밖으로 나가 하늘, 새, 나무, 꽃, 구름을 바라보며 이 세계를 운행하시는 하나님의 위대하심을 느껴야 합니다. 들판의 꽃들과 공중의 새들이 염려하는 우리를 향해 꾸짖는 소리를 들어야 합니다. 실로, 자연세계는 하나님의 섭리적 보살핌을 알려 주는 교사 역할을 합니다.

둘째, 자녀를 돌보시는 하나님 아버지를 의지해야 합니다! 예수님은 하나님이 자연세계를 돌보신다면 그 아들의 피 값으로 산 자녀들, 즉 우리를 어찌 안 돌보시겠냐고 물으십니다. 은혜로우신 아버지의 풍성한 공급하심을 의지하는 것, 그것이 바로 염려를 무력화하는 방법입니다. 사도 베드로는 이렇게 권고합니다: "너희 염려를 다 주께 맡기라 이는 그가 너희를 돌보심이라"(벧전 5:7).

주신 이도 하나님이요 거두신 이도 하나님이라는 그분의 절대적 주권을 의지하는 것이 믿음입니다. 우리의 하늘 아버지는 완전한 사랑과 능력으로 모든 필요를 채워 주시는 분입니다. 그러므로 우리는 아무것도 염려하지 말고 모든 일에 기도와 간구로 구할 것을 감사함으로 아뢰어야 합니다(빌 4:6-7).

셋째, 하나님의 나라와 그분의 의를 구해야 합니다! 하나님의 나라는 그분의 다스림을 뜻하고, 하나님의 의는 그분의 공의를 뜻합니다. 우리는 하나님의 공의로운 통치가 우리 삶뿐 아니라 온 세상에 이루어지도록 구해야 합니다. 염려로 무질서한 마음과 우선순위가 깨진 삶에 이루어지도록 구해야 합니다.

생계 문제보다 하나님의 나라와 의를 구하는 것이 우선순위입니다. 우리가 이를 먼저 구할 때, 예수님은 생계에 필요한 모든 것을 주실 것이라고 약속하십니다. 이 약속을 믿지 않으면 생계를 책임지기 위해 분주하고 온갖 염려에 사로잡히게 될 것입니다. 하나님의 의로우신 통치가 삶의 모든 영역으로 확장되도록 구하십시오. 그러면 염려에서 벗어나게 될 것입니다.

| | |

적용나눔 · 자연세계를 관찰하면서 하나님에 대하여 묵상한 것은 무엇인가요? 어떻게 자연세계가 염려로부터 마음을 돌이키게 하는지 나누어 보세요.

· 하나님이 즉각적으로 필요를 채워 주지 않으시면 의심하고 염려하게 됩니다. 이때 어떻게 하면 염려에서 벗어날 수 있을까요?

· 하나님의 의로우신 통치가 이루어지는 것이 어떻게 염려를 멈추게 하는 길이 되는지 함께 이야기해 보세요.

감사나눔 다 함께 감사와 기도제목을 나누고 한 주간 기도해요!

_____

_____

_____

마침기도 하나님 아버지, 여전히 염려에 빠져 살아가는 저희를 긍휼히 여겨 주세요. 하나님을 온전히 의지하지 못하는 저희의 믿음 없음을 불쌍히 여겨 주세요. 이제는 염려에서 눈을 돌려 이 세상을 창조하신 하나님을 바라보길 원합니다. 저희가 생계보다 우선되는 하나님의 나라와 의를 구하는 삶을 살아가도록 인도해 주세요.

주기도문 가정예배를 마친 후, 서로 "사랑해요, 축복해요"라고 나눕니다.

비판하지 않는 가정되길 원합니다

44주

찬양 ♪ 찬송가 435장 나의 영원하신 기업

시작기도 🖐 선하신 하나님, 저희 가정이 함께 모여 예배할 수 있게 해 주셔서 감사합니다. 지난 한 주간 저희가 말씀에 순종하지 못한 것을 회개하며 다시 말씀 앞에 섭니다. 저희를 주의 보혈로 정결케 해 주시고 주의 말씀을 더 깊이 사모하게 해 주세요.

말씀배움 📄 마태복음 7장 1-5절을 함께 읽습니다.
¹비판을 받지 아니하려거든 비판하지 말라 ²너희가 비판하는 그 비판으로 너희가 비판을 받을 것이요 너희가 헤아리는 그 헤아림으로 너희가 헤아림을 받을 것이니라 ³어찌하여 형제의 눈 속에 있는 티는 보고 네 눈 속에 있는 들보는 깨닫지 못하느냐 ⁴보라 네 눈 속에 들보가 있는데 어찌하여 형제에게 말하기를 나로 네 눈 속에 있는 티를 빼게 하라 하겠느냐 ⁵외식하는 자여 먼저 네 눈 속에서 들보를 빼어라 그 후에야 밝히 보고 형제의 눈 속에서 티를 빼리라.

|　　|　　|

하나님이 우리의 재판장이시기에
믿음의 지체들을 비판하지 말아야 합니다

'말'은 사람을 살리는 '약'이 될 수도, 사람을 죽이는 '칼'이 될 수도 있습니다. 우리의 대화를 살펴보면 무자비하게 휘두르는

192

날카로운 말들이 참 많습니다. 예수님은 이런 우리의 성향을 아시고 비판하는 말을 삼가라고 명하십니다. 우리에게 참되신 재판장은 오직 하나님이십니다. 오늘 우리는 비판하지 말아야 하는 이유에 대하여 함께 살펴보겠습니다.

첫째, 비판은 우리 자신에게 하나님의 징계를 자초합니다! "비판하지 말라"는 예수님의 명령은 모든 판단을 금하는 것이 아닙니다. 사랑에서 비롯된 건설적인 비판은 유익하고, 어떤 일에 대한 솔직한 평가는 발전을 위해 필요합니다. 여기서 예수님이 금하신 '비판'은 남을 헐뜯고 비방하는 것입니다. 이러한 비판은 하나님의 비판, 즉 심판을 불러옵니다.

남의 잘못이나 허물을 비방하며 옮기는 것은 무서운 죄입니다. 남을 헐뜯는 말을 즐거워하며 옮기는 것은 어리석은 죄입니다. 남이 하지도 않은 잘못을 거짓으로 지어내 비방하는 것은 더욱 큰 죄입니다. 심판 날에 내가 한 모든 말이 주님 앞에서 판단 받을 것입니다: "사람이 무슨 무익한 말을 하든지 심판 날에 이에 대하여 심문을 받으리니"(마 12:36).

둘째, 우리가 세운 비판의 기준대로 심판을 받습니다! 우리가 사람의 잘못을 사랑으로 덮어 주라는 예수님의 말씀을 무시하고 남의 허물을 내 잣대로 가차 없이 비판하며 비방하면, 이는 부메랑으로 돌아와 나 자신을 해할 것입니다. 그러나 '사랑'이라는 기준으로 누군가의 허물을 긍휼히 여기면, 사랑의 기준을 따라 나의 허물도 긍휼히 여김을 받을 것입니다. 그러므로 우리의 말에는 항상 '사랑'과 '진실'이 담겨 있어야 합니다.

매정하고 혹독한 심판의 잣대로 이웃을 평가하거나 판단하지 마십시오. 우리는 그 일이 나 자신을 동일한 잣대로 하나님의 심판에 노출시킨다는 것을 기억하고 주의해야 합니다.

셋째, 우리는 누군가를 판단할 자격이 없습니다! 그 이유는 우리가 우리 눈 속에 있는 들보는 보지 못하고 남의 눈에 있는 티만 보기 때문입니다. 우리는 하나님의 완전한 법에 비추어 볼 때에 내가 얼마나 죄인인가를 깨닫는 겸손이 필요합니다. 내가 영원히 죽을 수밖에 없는 죄인임을 알고 통회하며 회개하는 하나님의 은혜가 필요합니다. 그럼에도 여전히 내가 죄인임을 깨닫지 못한다면 계속 남의 눈에 있는 작은 티를 과장하면서 그를 돕겠다고 교만을 부릴 것입니다.

나의 죄성의 심각성을 깨달으면 남의 허물이 작게 보이기 시작합니다. 그들을 긍휼히 여기고 사랑으로 권면하게 됩니다. 자기 의에 빠지지 않게 됩니다. 오히려 자신도 연약한 자임을 겸손히 고백하게 됩니다. 자기 우월감을 부추기는 비방을 건설적인 사랑의 비판으로 대치하게 됩니다. 나에게는 누군가를 판단할 자격이 하나도 없다는 것을 아는 것, 그것이 바로 관계를 바르게 구축하는 길입니다.

│ │ │

적용나눔 · 오늘 하루 나의 언어는 진실했나요? 혹 누군가를 비방하진 않았는지 돌아보세요. 비방이 잘 멈춰지지 않는 이유는 무엇인가요?

· 비방을 즐기는 사람들이 있습니다. 하나님께서 비방을 금하신 이유를 생각하면서 어떻게 그들의 비방을 멈출 수 있을지 나누어 보세요.

· 남의 죄를 지적하고 비방하면서 나는 그 동일한 죄를 지은 적은 없나요? 내 시야를 막고 있는 들보는 무엇인지 이야기해 보세요.

감사나눔 다 함께 감사와 기도제목을 나누고 한 주간 기도해요!

_____

_____

_____

마침기도 선하신 하나님, 저희의 죄는 보지 못하고 남의 허물만 지적해 온 저희의 미련함과 교만함을 용서해 주세요. 이제는 저희의 모든 말에 진실과 사랑이 담겨 있길 원합니다. 저희가 비방에 대한 하나님의 심판을 늘 생각하면서 자기 우월감에 빠지지 않도록 도와주세요. 저희의 언어를 거룩하게 변화시켜 주세요.

주기도문 가정예배를 마친 후, 서로 "사랑해요, 축복해요"라고 나눕니다.

영적 분별력을 가진 가정되길 원합니다

찬양 ♪   찬송가 218장 네 맘과 정성을 다하여서

시작기도   거룩하신 하나님, 저희에게 예배할 수 있는 자유와 특권을 허
🖐   락해 주셔서 감사합니다. 이 시간 영과 진리로 예배할 수 있도
록 저희 마음과 생각을 지켜 주세요.

말씀배움   마태복음 7장 6절을 함께 읽습니다.
🗋   거룩한 것을 개에게 주지 말며 너희 진주를 돼지 앞에 던지지 말
라 그들이 그것을 발로 밟고 돌이켜 너희를 찢어 상하게 할까 염
려하라.

ㅣ ㅣ ㅣ

우리는 그리스도의 복음이 짓밟히지 않도록
영적 분별력과 신중함을 행사해야 합니다

우리 주위에는 항상 물리적, 영적 위험이 도사리고 있습니
다. 특히, 그리스도의 복음을 왜곡하고 공격하는 이단들이 전
세계 어디에나 존재합니다. 본문말씀에서 예수님은 우리에게
위험을 분별하고 신중하게 대처할 것을 말씀하십니다. 오늘
우리는 구원의 복음이 짓밟히지 않도록 바르게 분별하고 신중
하게 행하는 것이란 무엇인지 함께 살펴보겠습니다.

첫째, 구원의 복음의 가치를 알아야 합니다! '거룩'은 하나님의 목적을 위하여 구별된 것을 뜻합니다. 본문말씀의 병렬 구문에서 '거룩한 것'과 '진주'는 같은 것을 지칭합니다. 하나님 나라의 비유에서 사용된 '진주'는 하나님의 나라와 왕이신 예수님을 상징합니다(마 13:45-46). 또한 예수님이 선포하시는 하나님 나라의 복음을 뜻합니다.

예수님 당시나 지금이나 구원의 복음의 참된 가치를 아는 사람들이 그리 많지 않습니다. 교회 안에서도 복음의 참된 가치를 인식하지 못하는 사람들이 많습니다. 우리는 예수님의 복음이 아니었다면 죄로 영원히 죽을 수밖에 없는 존재임을 깨달을 때에야 비로소 복음을 소중하게 여기고 복음의 증인이 될 수 있습니다.

둘째, 구원의 복음에 대한 악한 공격을 인식해야 합니다! 본문 말씀에서 '개'와 '돼지'는 포악하고 사나운 야생 개와 돼지를 가리키며 그런 성향을 가진 사람들을 지칭합니다. 그들은 바로 교회 안에 들어온 거짓 선생들, 이단들입니다. 돼지와 같이 욕심에 이끌려 그리스도의 복음을 왜곡하고 공격하는 자들입니다.

세상의 무신론자들, 교회에 침투한 이단들은 구원의 복음의 빛이 비치지 못하도록 막는 자들입니다. 마음이 완악하여 하나님의 치유를 거부하고 멸망 길을 고집하는 자들입니다. 그들에게 공격당할 때에 우리는 이상한 일을 당하는 것처럼 생각하면 안 됩니다. 오히려 담대히 "오직 그리스도로, 오직 은혜로, 오직 믿음으로, 오직 하나님의 영광을 위하여"라고 그리스도의 구원의 복음을 외쳐야 합니다(행 4:12).

셋째, 구원의 복음을 공격하는 자들에게서 지혜롭게 물러나야 합니다! 우리에게는 차별 없이 모든 사람에게 그리스도의 십자가 사랑을 전해야 할 사명이 있습니다. 그리고 이를 위하여 다음 말씀과 같이 순수함과 지혜가 필요합니다: "보라 내가 너희를 보냄이 양을 이리 가운데로 보냄과 같도다 그러므로 너희는 뱀 같이 지혜롭고 비둘기 같이 순결하라"(마 10:16). 우리는 언제, 누구에게, 어떻게 복음을 전해야 할지를 잘 분별해야 합니다.

또한 구원의 복음을 전한 후에 상대방이 받아들이지 않고 공격하거나 위협하면 지혜롭게 물러서야 할 때도 잘 분별해야 합니다. 사도들도 복음이 거부당하면 그 발에서 먼지를 떨어버리고 다른 곳으로 가서 복음을 전했습니다(행 13:46,50-51;18:5-6). 우리는 이러한 경우만 제외하고 늘 복음을 담대하게 전해야 합니다.

ㅣ ㅣ ㅣ

적용나눔 · 복음의 참된 가치를 알고 있나요? 나에게 구원의 복
 음이란 무엇인가요?

· 복음의 가치를 부정하는 사람을 만나 본 적 있나
요? 혹 그들에게 공격을 받아 본 적 있다면 나누어 보
세요.

· 뱀 같이 지혜롭고 비둘기 같이 순결하게 행한다는 것
은 무엇인지 함께 이야기해 보세요. 복음을 전하다가
지혜롭게 물러서야 할 때는 언제인가요?

감사나눔 다 함께 감사와 기도제목을 나누고 한 주간 기도해요!

_____

_____

_____

마침기도 거룩하신 하나님, 저희를 다시 복음 앞에 세워 주셔서 감사합
니다. 저희 눈을 열어 복음의 가치를 보게 해 주시고 그 능력을
경험하게 해 주세요. 복음의 가치를 은밀하게 허무는 공격들에
지혜롭고 순결하게 대처할 수 있도록 도와주세요. 저희 가정이
늘 영적으로 깨어 분별하고 신중하게 행하도록 은혜를 베풀어
주세요.

주기도문 가정예배를 마친 후, 서로 "사랑해요, 축복해요"라고 나눕니다.

끝까지 믿고 구하는 가정되길 원합니다

찬양 ♪ 　찬송가 365장 마음 속에 근심 있는 사람

시작기도 　하나님 아버지, 저희와 늘 동행해 주셔서 감사합니다. 이 시간
저희가 성령 안에서 하나님 아버지를 온전히 예배하게 해 주세
요. 저희에게 주님의 위로와 평강과 안식을 허락해 주세요.

말씀배움 　마태복음 7장 7-11절을 함께 읽습니다.
[7]구하라 그리하면 너희에게 주실 것이요 찾으라 그리하면 찾아
낼 것이요 문을 두드리라 그리하면 너희에게 열릴 것이니 [8]구하
는 이마다 받을 것이요 찾는 이가 찾아낼 것이요 두드리는 이
에게는 열릴 것이니라 [9]너희 중에 누가 아들이 떡을 달라 하
는데 돌을 주며 [10]생선을 달라 하는데 뱀을 줄 사람이 있겠느
냐 [11]너희가 악한 자라도 좋은 것으로 자식에게 줄 줄 알거든 하
물며 하늘에 계신 너희 아버지께서 구하는 자에게 좋은 것으
로 주시지 않겠느냐.

＇　＇　＇

하나님 아버지는 최선을 주시는 분이기에
그분의 선하심을 믿고 계속 기도해야 합니다

믿음의 삶은 하나님을 의지하는 삶이므로 오직 그분만을 의지
할 때에 가능합니다. 하나님을 의지하는 가장 확실한 길은 '기
도'입니다. 우리가 믿음의 삶을 살아가려면 최선을 주시는 하나

님 아버지를 의지하여 기도해야 합니다. 본문말씀에서 예수님은 우리에게 계속 기도할 것을 말씀하십니다. 오늘 우리는 믿음의 삶을 살아가게 하는 기도에 대하여 함께 살펴보겠습니다.

첫째, 응답받을 때까지 계속 기도해야 합니다! 예수님은 기도를 쉬지 말고 지속할 것을 강조하십니다. 헬라어 현재형 동사는 지속적인 행동을 뜻하므로 7절 말씀은 계속해서 구하고 계속해서 찾고 계속해서 두드리라는 의미입니다. 물론 아무것도 보이지 않고 들리지 않고 느껴지지 않는데 계속 기도하는 것은 쉽지 않습니다. 하나님의 살아 계심을 믿지 않고는 그렇게 할 수 없습니다.

기도 응답이 없다고 기도를 포기해서는 안 됩니다. 지금도 하나님은 그분의 시간표에 따라 일하고 계십니다. 계속해서 구하고 찾고 두드리는 것이 어렵고 번거롭게 느껴지더라도 우리는 계속 기도해야 합니다. 하나님의 말씀대로 살기 원한다면 얍복 강가에서 천사와 밤새 씨름했던 야곱처럼 응답을 받을 때까지 기도해야 합니다 (창 32:26).

둘째, 하나님이 응답하시기에 계속 기도해야 합니다! 구하고 찾고 두드리듯 계속 기도하면 하나님이 반드시 응답하겠다고 약속하십니다. 우리가 기도하다가 쉽게 포기하는 이유는 믿음이 연약하기 때문입니다. 우리 안에 하나님이 반드시 응답하신다는 확실한 믿음이 있으면, 어떠한 유혹이 있어도 계속해서 기도할 수 있습니다.

하나님의 응답은 네 가지, 즉 기도한 대로 주시는 응답, 기다리라는 응답, 더 나은 것을 주시는 응답, 거절하시는 응답으로 나눌 수 있습니다. 우리는 이 네 가지 응답을 기억하면서 불의한 재판관에게 매일 간구했던 과부처럼 낙심치 말고 끈기 있게 기도해야 합니다: "하물며 하나님께서 그 밤낮 부르짖는 택하신 자들의 원한을 풀어 주지 아니하시겠느냐 그들에게 오래 참으시겠느냐"(눅 18:7). 하나님의 응답을 기대하면서 계속 기도하는 것이야말로 참 믿음입니다.

셋째, 선하신 아버지를 의지하여 계속 기도해야 합니다! 아무리 악한 자도 자식에게는 본능적으로 좋은 것을 줍니다. 그렇다면 선하신 하나님 아버지는 부르짖는 자녀들에게 얼마나 좋은 것을 주시겠습니까! 기도는 주지 않으시려는 하나님을 내가 어떻게든 설득하는 것이 아니라, 후하게 응답하시는 하나님의 사랑을 신뢰하는 행위입니다.

또한 기도는 우리가 하나님 아버지와 관계를 맺어가는 수단입니다. 하나님의 부성적 사랑을 경험하는 길입니다. 기도는 하나님과의 사랑의 관계를 돈독하게 할 뿐 아니라 우리의 믿음을 강하게 세웁니다. 하나님을 더욱 가까이 느끼게 하고, 그분의 선하심을 더욱 깊이 경험하게 합니다. 그래서 기도는 '행복' 그 자체입니다.

ㅣ　ㅣ　ㅣ

적용나눔 · 중도에 기도를 포기하는 이유는 무엇이며 계속 같은
기도를 할 때에 경험하는 어려움은 무엇인가요? 서로
이야기를 나눈 후, 빌립보서 4장 6-7절을 소리내서 함
께 읽어 보세요.

· 하나님의 기도 응답의 종류는 무엇인가요? 거절하시
는 응답을 받은 적 있다면, 그때의 경험을 나누어 주
세요.

· 기도를 통하여 하나님과의 관계가 어떻게 깊어졌는
지 나누어 보세요.

감사나눔 다 함께 감사와 기도제목을 나누고 한 주간 기도해요!

_____

_____

_____

마침기도 하나님 아버지, 기도 없이 쉽게 신앙생활하려 했던 저희를 용
 서해 주세요. 지속적으로 기도하지 못하고 쉽게 포기했던 저희
의 연약한 믿음을 붙들어 주세요. 저희가 기도를 통하여 주님
의 아름다우심과 선하심을 더욱 경험하게 해 주세요. 주님 앞
에서 기도를 쉬는 죄를 범하지 않도록 저희 마음을 지켜 주시
고 의지를 굳게 해 주세요.

주기도문 가정예배를 마친 후, 서로 "사랑해요, 축복해요"라고 나눕니다.

47주 황금률을 실천하는 가정되길 원합니다

찬양 ♪ 찬송가 461장 십자가를 질 수 있나

시작기도 🖐 사랑하는 하나님, 날마다 저희에게 새로운 은혜를 내려 주셔서 감사합니다. 이 시간 저희 가정이 주의 사랑 안에 거하며 주의 이름을 찬송하게 해 주세요. 저희의 삶과 인격이 변화되는 예배 되게 해 주세요.

말씀배움 마태복음 7장 12절을 함께 읽습니다.
그러므로 무엇이든지 남에게 대접을 받고자 하는 대로 너희도 남을 대접하라 이것이 율법이요 선지자니라.

| | | |

황금률은 사랑의 법이기에
남들이 나를 대우해 주길 원하는 대로 남들을 대우해야 합니다

하나님 나라 백성은 세상 사람들과 구별되어야 합니다. 이러한 구별됨의 윤리를 한마디로 정의한 것이 바로 '황금률'입니다. 황금률은 관계의 평화를 위하여 적용되어야 할 대원칙입니다. 관계의 성공, 곧 '화평'은 행복한 하나님 나라 백성의 덕목입니다(마 5:9). 오늘 우리는 갈등을 해소하고 화평을 증진하기 위하여 어떻게 황금률을 적용해야 하는지 함께 살펴보겠습니다.

첫째, 내가 남들에게 받고 싶은 대우가 무엇인지 먼저 살펴보아야 합니다! 원만한 관계의 지혜는 남이 아닌 나 자신을 살펴보는 것에서부터 시작됩니다. 다른 사람들이 나를 어떻게 대할 때에 내가 좋거나 나쁜지를 살펴보고, 또한 다른 사람들이 내게 어떤 말이나 행동을 할 때에 내가 행복하거나 불행한지를 살펴보면, 내가 남들에게 해야 하거나 하지 말아야 할 말과 행동이 무엇인지 발견할 수 있습니다.

남들이 내 험담을 하면 기분이 좋지 않습니다. 만약 이때 지혜로운 사람이면, 화를 내기보다 나의 어떠한 행동이 그들의 험담을 야기했는지 먼저 살펴보고 자기 자신을 돌아볼 것입니다. 그러면 나 자신도 남을 험담하는 일을 멈추게 될 뿐 아니라 사람들로 하여금 나를 험담하게 하는 일도 멈추게 할 수 있을 것입니다.

둘째, 남들이 나를 대우해 주길 원하는 대로 남들을 대우해야 합니다! 바로 전 단계에서 우리는 관계에서 내가 싫어하는 것과 좋아하는 것이 무엇인지 살펴보았습니다. 그것을 통하여 이끌어 낸 기준을 세우고 실천하는 것은 매우 중요합니다. 예수님의 명령은 간단하고 명료합니다: "남에게 대접을 받고자 하는 대로 너희도 남을 대접하라."

하지만 이 말씀을 실천하기란 쉽지 않습니다. 그 이유는 왕처럼 대접만 받으려 하는 자기중심성 때문입니다. 자기중심성을 극복하려면, 십자가에서 자기를 부인하고 희생하신 예수님의 사랑을 의지해야 합니다. 의지적 사랑으로 상대를 바르게 대하는 것이 경건이며 거룩입니다.

셋째, 하나님이 주신 율법의 참 정신에 충실해야 합니다! 황금률은 율법과 선지자, 곧 구약 성경 전체의 요약입니다. 율법은 황금률을 이렇게 가르칩니다: "너는 이방 나그네를 압제하지 말라 너희가 애굽 땅에서 나그네 되었었은즉 나그네의 사정을 아느니라"(출 23:9). 그리고 예수님은 구약 전체의 가르침을 하나님 사랑과 이웃 사랑으로 요약하십니다(마 22:37-40). 황금률은 사랑의 계명이므로 그 실천은 하나님 법의 정신인 사랑에 충실한 것입니다.

산상수훈은 하나님이 주신 율법의 정신인 사랑의 적용입니다. 우리는 하나님 사랑과 이웃 사랑을 실천해야 합니다. 물론 사랑하는 것이 결코 쉬운 일은 아닙니다. 그러나 하나님의 은혜가 사랑의 법을 지킬 수 있도록 우리를 능하게 할 것입니다. 사랑이야말로 세상을 변화시키는 하나님의 방법임을 잊지 마십시오.

ㅣ ㅣ ㅣ

적용나눔 · 지금 가정 안에서 어떻게 사랑을 실천하고 있나요? 갈등과 싸움이 일어나는 주된 이유는 무엇인가요?

· 황금률은 듣기는 좋으나 실천하기는 참 어렵습니다. 그 이유는 무엇인가요?

· 황금률은 사랑의 법을 표현한 것이고 사랑은 성경 전체의 가르침을 요약한 것입니다. 예수님의 사랑을 경험하는 것이 어떻게 우리가 사랑을 실천하도록 돕는지 나누어 보세요.

감사나눔 다 함께 감사와 기도제목을 나누고 한 주간 기도해요!

_____

_____

_____

마침기도 사랑하는 하나님, '내가 먼저'를 주장하면서 관계를 불편하게 만들었던 저희의 모든 말과 행동을 용서해 주세요. 저희 가정을 불행하게 만드는 자기중심성을 예수님의 십자가 사랑으로 치유해 주세요. 저희가 황금률을 실천함으로써 사람들과의 관계에서 조화와 화평, 그리고 기쁨을 누리며 하나님께 영광을 돌리게 해 주세요.

주기도문 가정예배를 마친 후, 서로 "사랑해요, 축복해요"라고 나눕니다.

좁은 문으로 들어가는 가정되길 원합니다

찬양 ♪ 찬송가 521장 구원으로 인도하는

시작기도 🖐 생명의 근원이신 하나님, 오늘도 저희 가정에 베풀어 주신 크신 은혜에 감사합니다. 저희 가정을 주의 생명의 말씀으로 세워 주시고 주의 이름으로 하나 되게 해 주세요.

말씀배움 📄 마태복음 7장 13-14절을 함께 읽습니다.
¹³좁은 문으로 들어가라 멸망으로 인도하는 문은 크고 그 길이 넓어 그리로 들어가는 자가 많고 ¹⁴생명으로 인도하는 문은 좁고 길이 협착하여 찾는 자가 적음이라.

Ⅰ Ⅰ Ⅰ

좁은 문은 그리스도를 상징하기에
생명으로 인도하는 좁은 문으로 들어가길 선택해야 합니다

삶은 선택의 연속입니다. 점심에 무엇을 먹을까 하는 사소한 선택도 있고, 어떤 사람과 결혼할까 하는 중요한 선택도 있습니다. 뿐만 아니라 이 땅에서만 영향을 미치는 선택이 있고, 영원에까지 미치는 선택도 있습니다. '예수님에 대하여 어떤 선택을 하는가'는 영원까지 영향을 미치기에 우리에게 가장 중요한 선택입니다. 오늘 우리는 영원한 삶을 위하여 어떤 선택을 해야 할지 함께 살펴보겠습니다.

첫째, 자기 자신이 아닌 그리스도를 의지하도록 선택해야 합니다! 예수님은 양의 문, 곧 구원에 이르는 문이십니다(요 10:7-10). 먼저 양의 특성을 알아보겠습니다. 양은 무지하고 무능합니다. 맹수에 대항하여 스스로를 지키지 못합니다. 전적으로 목자를 의존하고 그의 음성을 압니다. 양들이 목자를 의지하듯 우리도 선한 목자이신 예수님을 따라야 합니다. 생명을 얻게 하고 더 풍성히 얻게 하시는 그분을 의지해야 합니다(요 10:10).

바리새인들은 자기 의를 의지하여 구원에 이르려 했습니다. 지금도 세상의 수많은 사람들이 자력 구원, 곧 종교적 고행, 수양, 혹은 선행으로 구원을 얻으려 합니다. 이는 매우 매력적이고 합리적으로 보이나 오직 양의 문이신 그리스도만이 우리를 참된 구원으로 인도하시는 문입니다.

둘째, '세상의 길'이 아닌 '그리스도의 길'을 따르도록 선택해야 합니다! 세상의 길은 넓고 쉬워 보여 많은 사람들이 그 길을 따릅니다. 반면, 그리스도의 길은 좁고 협착하여 찾는 사람들이 적습니다. 대중이 가는 길이 안전하다고 믿고 따르는 것은 치명적인 맹신입니다. 어렵고 힘들다고 그리스도의 십자가 길을 저버리는 것 역시 치명적인 잘못입니다.

우리가 가야 할 길을 '쉬운가 어려운가'를 따라 선택하는 것은 매우 어리석은 행동입니다. 우리는 '옳은가 그른가'를 따라 선택해야 바른 선택을 할 수 있습니다. 모든 사람이 넓고 화려한 길을 갈지라도 그 종국은 파멸임을 알아야 합니다. 우리는 목소리를 크게 내는 대중의 의견이 아닌 하나님의 말씀을 따라야 합니다. 믿음으로 예수님이 가신 좁은 길, 곧 십자가의 길을 따라가야 합니다.

셋째, '영원한 사망'이 아닌 '영원한 생명'을 소망하도록 선택해야 합니다! 세상 사람들은 '나는 성공의 길을 선택했노라' 자부하지만, 그들이 택한 인기 있고 쉬운 길의 결국은 영원한 멸망입니다. 마치 벼랑 끝으로 질주하는 대장 소를 따라 아무것도 모른 채 질주하는 것과 같습니다. 이것이 그리스도를 거부하는 사람들의 최후입니다.

좁은 문, 좁은 길은 우리를 풍성하고 영원한 생명으로 인도합니다. 예수님은 친히 십자가의 길을 가심으로 영원한 생명의 길을 열어 놓으셨습니다. 우리가 그 길을 걷는 것은 그분과 함께 걷는 것입니다. 예수님은 우리를 영생의 길로 인도해 주실 것입니다. 우리 인생에 있어 가장 지혜로운 믿음의 선택은 영광스러운 나라를 소망하며 예수님을 따르는 것입니다.

ㅣ ㅣ ㅣ

적용나눔 · 왜 사람들은 자기 힘으로 구원을 얻으려 할까요? 우
 리가 왜 예수님을 의지해야 하는지 구원과 관련하여
나누어 보세요.
· 십자가의 길을 따르는 것이 생명에 이르는 길임을 알
면서도 왜 자꾸 세상에 한눈팔고 다수를 따르려고 할
까요?
· 어떻게 예수님과 그분의 영원한 나라에 믿음의 눈을
고정하고 나아갈 수 있을지 나누어 보세요.

감사나눔 다 함께 감사와 기도제목을 나누고 한 주간 기도해요!

_____

_____

_____

마침기도 생명의 근원이신 하나님, 세상에서 쉽고 편한 것만 추구하고
선택한 저희를 용서해 주세요. 이제는 주님이 걸어가신 십자가
의 좁은 길만이 영원한 영광에 이르는 길임을 믿음으로 고백하
오니 저희가 십자가의 길을 따를 수 있도록 도와주세요. 어떠
한 일을 당하더라도 영원한 나라를 사모하며 세상과 타협하지
않게 해 주세요.

주기도문 가정예배를 마친 후, 서로 "사랑해요, 축복해요"라고 나눕니다.

거짓 선지자를 삼가는 가정되길 원합니다

찬양 ♪ 찬송가 420장 너 성결키 위해

시작기도 진리의 하나님, 죄인인 저희를 주의 자녀 삼아 주셔서 감사합
니다. 이 시간 생명의 말씀으로 저희 영혼을 먹여 주시고 생명
의 길로 인도해 주세요.

말씀배움 마태복음 7장 15-20절을 함께 읽습니다.
[15]거짓 선지자들을 삼가라 양의 옷을 입고 너희에게 나아오나 속
에는 노략질하는 이리라 [16]그들의 열매로 그들을 알지니 가시나
무에서 포도를, 또는 엉겅퀴에서 무화과를 따겠느냐 [17]이와 같이
좋은 나무마다 아름다운 열매를 맺고 못된 나무가 나쁜 열매를
맺나니 [18]좋은 나무가 나쁜 열매를 맺을 수 없고 못된 나무가 아
름다운 열매를 맺을 수 없느니라 [19]아름다운 열매를 맺지 아니하
는 나무마다 찍혀 불에 던져지느니라 [20]이러므로 그들의 열매로
그들을 알리라.

ㅣ ㅣ ㅣ

우리는 열매를 보고
거짓 선지자들을 식별해야 합니다

예나 지금이나 거짓 선지자들이 있습니다. 그들은 진리인 척
거짓을 전하며 순진한 영혼들을 지옥으로 인도합니다. 예수님
은 이러한 거짓 선지자들을 그들의 열매로 식별하라고 말씀하

십니다. 영적 분별력은 영혼의 안전과 직결되므로 오늘 우리는 거짓 선지자들의 무엇을 주목하여 살펴야 하는지 함께 알아보겠습니다.

첫째, 거짓 선지자들의 '겉과 속이 다름'을 주목해야 합니다! 거짓 선지자들은 양과 같이 순수하고 순진해 보이나 그 속은 이리와 같이 탐욕과 폭력으로 가득 차 있습니다. 그들은 속임과 난폭에 능하고 자신들을 그리스도의 사도처럼 가장하여 순진한 사람들을 유혹합니다(고후 11:13-15). 하나님의 이름을 빙자하여 자신들만의 왕국을 만들어 호의호식하고 몰래 방탕한 생활을 합니다.

거짓 선지자들은 세상이 아닌 교회 안에서만 열심히 일합니다. 그들의 신학적 지식, 교회 출석률, 경건한 언어 등은 모두 그들이 하나님의 대변자처럼 보이도록 속입니다. 많은 사람들이 이런 위장된 겉모습에 넘어가 결국에는 이성이 마비되어 그들이 어떤 말과 행동을 해도 추종합니다. 그러므로 우리에게는 진리의 말씀에 비추어 그들의 이중성을 간파하는 영적인 시각이 필요합니다.

둘째, 거짓 선지자들의 '회심하지 않음'을 주목해야 합니다! 본문말씀에서 '가시나무'와 '엉겅퀴'는 그들이 회심하지 않았음을 보여 줍니다. 성경에서 가시나무와 엉겅퀴는 하나님의 저주와 심판이 임할 때에 등장하는데 그것들은 열매를 맺을 수도 없고, 오히려 열매 맺는 것을 막습니다.

회심하지 않은 거짓 선지자들은 열매가 없을 뿐더러 탐욕과 욕망에 빠져 그리스도의 복음을 거부합니다. 그들은 회심하지 않은 상태로 여러 교회 활동과 사역을 합니다. 이는 자기 몸만 기르는 실체 없는 구름과 같고 뿌리 뽑힌 죽은 나무와 같습니다. 그들은 육에 속한 자들이며 성령이 없는 자들입니다(유 1:10-13,19).

셋째, 거짓 선지자들의 '열매'를 주목해야 합니다! 좋은 열매는 나무의 상태가 좋음을 보여 주고, 나쁜 열매는 나무의 상태가 나쁨을 보여 줍니다. 좋은 열매를 맺으려면 먼저 나무가 좋아야 합니다. 즉, 어떠한 행위보다 먼저 어떠한 존재인가가 더욱 중요합니다. 존재가 열매를 결정하기 때문입니다.

열매는 크게 가르침, 인품, 행동을 상징합니다. 거짓 선지자들은 진리를 가르치는 듯 보이나 실상은 자기 탐욕을 채우기 위하여 거짓을 가르칩니다. 인품은 자기 부인이 아닌 자기 숭배로 가득합니다. 행실은 욕심, 교만, 이기심에서 비롯된 열매뿐입니다. 우리는 말씀에 입각한 영적 분별력으로 우리 영혼과 가정, 그리고 교회를 거짓 선지자들로부터 안전하게 지켜야 합니다.

ㅣ ㅣ ㅣ

적용나눔 · 거짓 가르침을 듣거나 선지자를 만난 적 있다면 그 경험을 나누어 주세요. 그들을 조심해야 하는 이유는 무엇인가요?

· 아무리 경건한 모습을 하고 있어도 거짓 선지자들은 회심하지 않은 자들입니다. 이를 어떻게 알아볼 수 있을까요?

· 거짓 가르침과 거짓 선지자들로부터 우리 영혼과 가정, 그리고 교회를 어떻게 지킬 수 있을지 구체적으로 나누어 보세요.

감사나눔 다 함께 감사와 기도제목을 나누고 한 주간 기도해요!

_____

_____

_____

마침기도 진리의 하나님, 거짓이 진리인 양 외치는 이 세상에서 저희가 영적 분별력을 가지고 살아가게 해 주세요. 교회 안에 은밀히 침투한 거짓 가르침들과 거짓 선생들을 대적하고 몰아내게 해 주세요. 저희 가정과 교회를 순결하고 건강하게 지킬 수 있도록 도와주세요. 저희 가정을 통하여 참된 복음이 전파되게 해 주세요.

주기도문 가정예배를 마친 후, 서로 "사랑해요, 축복해요"라고 나눕니다.

불법을 행하지 않는 가정되길 원합니다

찬양 ♪ 찬송가 425장 주님의 뜻을 이루소서

시작기도 구원의 하나님, 다함없고 변함없는 은혜로 저희를 구원해 주셔서 감사합니다. 모든 영광과 존귀와 능력을 오직 주께 돌려 드립니다. 저희 예배가 주님께 기쁨이 되고 저희에게는 넘치는 감사가 되게 해 주세요.

말씀배움 마태복음 7장 21-23절을 함께 읽습니다.

²¹나더러 주여 주여 하는 자마다 다 천국에 들어갈 것이 아니요 다만 하늘에 계신 내 아버지의 뜻대로 행하는 자라야 들어가리라 ²²그 날에 많은 사람이 나더러 이르되 주여 주여 우리가 주의 이름으로 선지자 노릇하며 주의 이름으로 귀신을 쫓아내며 주의 이름으로 많은 권능을 행하지 아니하였나이까 하리니 ²³그 때에 내가 그들에게 밝히 말하되 내가 너희를 도무지 알지 못하니 불법을 행하는 자들아 내게서 떠나가라 하리라.

ㅣ ㅣ ㅣ

우리는 구원이 고백과 열정만으로 이뤄질 수 있다고
착각해서는 안 됩니다

행함 없는 믿음은 죽은 것입니다(약 2:26). "예수쟁이들은 입만 살았어"라는 세상의 조롱은 말한 대로 살지 못하는 우리의 현실을 비판합니다. 예수님은 하나님의 뜻대로 행하는 자가 하나님의 백성이라고 분명히 말씀하십니다. 오늘 우리는 하나님 나라의 백성임을 어떻게 알 수 있는지 함께 살펴보겠습니다.

첫째, 우리의 '고백'이 구원의 충분한 증거는 아닙니다! "주여 주여"라고 고백하는 사람들이 다 천국에 들어가는 것도 아니며 우리의 신앙고백이 구원 받은 증거가 되는 것도 아닙니다. 물론, 하나님 나라에 들어가는 사람들은 다 예수님을 주로 고백하고 섬깁니다. 하지만 입술로만 고백하는 사람들은 하나님 나라의 참 백성이 아닙니다.

누구든지 분위기나 강요, 순간적인 감정으로 입술로만 신앙고백을 할 수 있습니다. 그것이 구원이라고 착각하면 죽을 때까지 주님의 뜻과 상관없이 마음대로 살아갈 수 있습니다. 어떤 사람들은 입술로만 고백하면 천국에 갈 수 있다고 가르칩니다. 이 역시 거짓입니다. 구원의 근거는 거짓 고백이 아닌 예수님의 십자가 대속에 있습니다. 믿음의 참된 고백은 그리스도를 의지하고 하나님의 뜻을 행하도록 인도합니다.

둘째, 우리의 '열정'이 구원의 충분한 증거는 아닙니다! 날마다 소리 높여 "주여 주여"를 외치며 신앙의 열정을 보이는 사람들이 있습니다. 그들은 입에 "주여"를 달고 삽니다. 종교적 흥분이 극에 달할 때는 주님을 위해 목숨이라도 내놓을 것처럼 보입니다. 그들은 열정으로 자기의 종교적 의를 자랑하고 자신들처럼 열정적으로 "주여 주여" 하지 않는 사람들을 믿음 없는 자로 취급합니다. 하지만 열정 자체가 구원의 증거가 되지는 않습니다.

오늘날 거짓된 복음을 믿으면서도 믿음이 좋은 것처럼 착각하게 만드는 사람들이 많이 있습니다. 그들은 양손을 들고 몸을 흔들며 열정적으로 찬양하지만 설교는 듣지 않습니다. 교회를 떠나면 세상 사람들과 똑같이 살아갑니다. 그들에게 신앙생활은 거짓된 자기 열정에 불과합니다. 이러한 그들의 열정은 아무런 변화도 이끌어 내지 못하는 죽은 열정이며 구원의 증거가 아닌 감정의 변덕에 속은 증거입니다.

예수님은 산상설교를 맺으시면서 하나님의 뜻대로 살 것을 강하게 권면하십니다. 거짓된 고백이나 열정은 구원의 증거도 아니며 구원의 삶을 살도록 인도하지도 않습니다. 우리는 스스로의 고백과 열정에 속아 자신을 구원받은 하나님 나라의 백성으로 착각하지 말아야 합니다. 오히려 나의 고백과 열정이 진실한지 철저하게 살펴야 합니다. 거짓된 고백과 열정을 회개하고 그리스도 안에서 주시는 구원의 은혜를 구해야 합니다.

ı ı ı

적용나눔 · 오늘의 본문말씀과 메시지에서 새롭게 깨달은 것이
있다면 무엇인가요?

· 예수님을 "주여"라고 부르기만 하면 구원을 받는다
는 말을 하거나 들은 적 있나요? 왜 그것이 잘못된 것
인지 나누어 보세요.

· 나의 뜨거운 열정을 의로 여긴 적 있나요? 예수님에
대한 참된 열정과 거짓된 열정의 차이는 무엇인지 나
누어 보세요.

감사나눔 다 함께 감사와 기도제목을 나누고 한 주간 기도해요!

_____

_____

_____

마침기도 구원의 하나님, 저희가 분위기에 휩쓸려 예수님을 주로 고백하
진 않았는지, 믿음 없이 열정으로만 신앙생활을 하진 않았는지
돌아보며 회개합니다. 저희가 입술로만 주님을 부르는 자가 아
닌 주의 뜻대로 살아가는 자가 되게 해 주세요. 저희 기분에 따
라 거짓된 신앙생활을 하지 않도록 늘 깨어 기도하게 해 주세요.

주기도문 가정예배를 마친 후, 서로 "사랑해요, 축복해요"라고 나눕니다.

51주 주의 뜻대로 행하는 가정되길 원합니다

찬양 🎵 찬송가 204장 주의 말씀 듣고서

시작기도 🤚 신실하신 하나님, 저희 예배가 무거운 짐이 아닌 기쁨의 잔치가 될 수 있도록 늘 인도해 주셔서 감사합니다. 오늘도 저희의 지친 몸과 영혼을 주의 생명으로 충만하게 해 주세요.

말씀배움 📄 마태복음 7장 21-23절을 함께 읽습니다.
²¹나더러 주여 주여 하는 자마다 다 천국에 들어갈 것이 아니요 다만 하늘에 계신 내 아버지의 뜻대로 행하는 자라야 들어가리라 ²²그 날에 많은 사람이 나더러 이르되 주여 주여 우리가 주의 이름으로 선지자 노릇하며 주의 이름으로 귀신을 쫓아내며 주의 이름으로 많은 권능을 행하지 아니하였나이까 하리니 ²³그 때에 내가 그들에게 밝히 말하되 내가 너희를 도무지 알지 못하니 불법을 행하는 자들아 내게서 떠나가라 하리라.

| | | |

하나님의 백성인 우리는
그분의 뜻대로 행해야 합니다

슬프게도 구원 받지 못한 채 평생을 교회생활만 하는 사람들이 있습니다. 그들은 교회에 다니니까 당연히 하나님의 자녀가 되었다고 착각합니다. 우리는 예수님과 인격적인 관계를 맺고 살아감을 분명히 해야 합니다. 거짓된 구원의 확신으로

220

살면 본문말씀처럼 주님께 버림을 받을 수 있습니다. 지난주에 나누었듯 우리의 고백과 열정은 구원의 충분한 증거가 되지 못합니다. 오늘 우리는 지난주에 이어 하나님 나라의 백성임을 어떻게 알 수 있는지 함께 살펴보겠습니다.

첫째, 우리의 사역이 구원의 충분한 증거는 아닙니다! 예수님의 이름으로 말씀을 전하고 귀신을 쫓아내고 많은 기적을 행하더라도 그 자체가 하나님 나라에 들어가는 이유가 되진 않습니다. 우리는 사람들이 인정하고 열광하는 사역들을 한다고 해서 당연히 하나님 나라에 들어가리라 확신해서는 안 됩니다. 왜냐하면 예수님의 이름을 빙자한 설교, 축사, 치유 사역을 통하여 많은 돈과 인기를 얻으며 하나님의 영광을 도적질하는 사람들이 있기 때문입니다.

그들은 하나님의 뜻을 저버리고 자기 영광을 위하여 사역하는 자들입니다. 사람들의 숭배를 받으며 우상 숭배를 행하게 하는 자들입니다. 하나님의 자리를 빼앗으려는 사탄의 발자취를 따르는 자들입니다. 하나님 나라가 아닌 자기 왕국을 세우는 자들입니다. 그리스도의 죽음과 부활을 의지하지 않고 자기를 높이는 자들입니다. 그리스도를 섬기는 사역이 아닌 사역의 외적 크기로 성공의 잣대를 삼는 자들입니다. 그들은 결국 멸망으로 끝날 수밖에 없습니다.

둘째, 믿음의 순종이 구원의 명백한 증거가 됩니다! 본문에 나타난 예수님의 강조점은 '하나님의 뜻대로 행하는 것'입니다. 하나님의 백성은 그분의 뜻대로 행하는 자들입니다. 그렇다고 늘 하나님의 뜻대로 죄 없이 완전하게 산다는 것을 의미하진 않습니다. 그들도 실수하고 죄로 인하여 실족합니다. 다만 그들은 날마다 그리스도의 십자가 공로를 의지하여 잘못을 회개하고 하나님의 용서와 회복을 구합니다.

그들은 늘 하나님의 뜻에 순종하기를 소원하며 기뻐하는 자들입니다. 하나님의 뜻을 알려 주는 그분의 법을 즐거워하여 주야로 묵상하는 자들입니다(시 1:1-3). 하나님의 뜻을 행할 때에 행복해 하는 자들입니다. 그들에게 행복은 하나님의 뜻대로 행하는 '거룩'입니다. 그래서 그들은 공허한 고백을 하는 자들, 변덕스런 열정을 가진 자들, 자기 영광을 위해 사역하는 자들, 곧 '불법을 행하는 자들'과 구별됩니다. 예수님은 하나님의 법, 곧 사랑의 법을 따라 하나님을 사랑하고 이웃을 사랑하는 자들을 기뻐하십니다.

예수님은 아버지의 뜻을 행하며 그분의 일을 온전히 이루는 것을 자신의 양식으로 삼으신 분입니다(요 4:34). 십자가의 죽음과 부활을 통하여 아버지의 구속의 뜻을 이루신 우리 예수님은 그분의 모든 백성을 천국에서 맞아 주실 것입니다. 그러므로 산상설교를 들은 우리는 예수님을 의지하여 그분의 뜻대로 사는 것을 특권, 본분, 기쁨으로 여기는 것이 마땅합니다.

I I I

적용나눔 · 왜 사역의 성공이 구원의 충분한 증거가 되지 못하는
지 나누어 보세요.
· 하나님의 뜻을 알려 주는 그분의 법(말씀)을 어떻게 묵
상하고 즐거워하고 있나요?
· "그리스도에 대한 순종이 그리스도의 사람이라는 증
거가 된다"는 말을 어떻게 생각하나요? 나는 그리스
도의 사람으로서 오늘 어떤 순종을 했는지 나누어 보
세요.

감사나눔 다 함께 감사와 기도제목을 나누고 한 주간 기도해요!

_____

_____

_____

마침기도 신실하신 하나님, 구원의 기준을 열심과 감정, 사역의 성공으로
삼았던 저희의 교만함과 어리석음을 용서해 주세요. 이제는 그
리스도의 완전한 순종을 의지하여 주님의 말씀대로 살기를 원
합니다. 저희가 하나님 나라의 백성답게 이 세상을 살아갈 수
있도록 인도해 주세요. 주의 법을 즐거워하여 주야로 묵상하게
해 주세요.

주기도문 가정예배를 마친 후, 서로 "사랑해요, 축복해요"라고 나눕니다.

반석 위에 세워진 가정되길 원합니다

찬양 ♪ 찬송가 449장 예수 따라가며

시작기도 진리의 하나님, 영원한 주의 말씀으로 저희의 주린 영혼을 만족시켜 주세요. 저희가 말씀을 깨닫고 순종할 수 있도록 크신 은혜를 내려 주세요.

말씀배움 마태복음 7장 24-27절을 함께 읽습니다.
[24]그러므로 누구든지 나의 이 말을 듣고 행하는 자는 그 집을 반석 위에 지은 지혜로운 사람 같으리니 [25]비가 내리고 창수가 나고 바람이 불어 그 집에 부딪치되 무너지지 아니하나니 이는 주추를 반석 위에 놓은 까닭이요 [26]나의 이 말을 듣고 행하지 아니하는 자는 그 집을 모래 위에 지은 어리석은 사람 같으리니 [27]비가 내리고 창수가 나고 바람이 불어 그 집에 부딪치매 무너져 그 무너짐이 심하니라.

ㅣ ㅣ ㅣ

그리스도는 우리의 반석 되시기에
그분의 말씀을 듣고 행함으로 삶을 건축해야 합니다

우리는 한 번뿐인 인생이 행복하기를 소원하지만 현실은 그렇지 않습니다. 이런 현실에서 우리의 반석 되시는 예수님은 두 건축자의 비유를 통하여 "말씀대로 행할 때에 삶을 견고하게 세울 수 있다"고 분명히 말씀하십니다. 오늘 우리는 말씀을 통하여 어떻게 삶을 건축해 나갈지 함께 살펴보겠습니다.

첫째, 행함 없는 들음은 삶을 건축하는데 충분하지 않습니다! 많은 사람들이 예수님의 산상설교를 들었습니다. 그러나 그 말씀을 듣고 행하지 않으면 모래 위에 집을 건축하는 자와 같습니다. 행함 없이 듣기만 하는 사람은 스스로를 속이는 자입니다. 말씀을 듣고 행하지 않는 사람은 자신의 모습을 거울로 보고 곧 잊어버리는 자입니다(약 1:22-25).

많은 크리스천들이 말씀을 열심히 듣고 읽고 연구하는 것에서 그칩니다. 그러나 순종 없는 종교적 열심은 인생의 집을 모래 위에 짓는 것과 같습니다. 모래 위에 지은 집은 고난의 풍랑이 오면 곧 무너지고 맙니다. 행함 없는 들음은 자신을 교만하게 만드는 지식을 늘리는 것뿐입니다. 참 지혜는 이러한 들음의 무능을 깨닫고 곧장 그리스도께로 돌이키는 것임을 우리는 명심해야 합니다.

둘째, 들음과 행함은 삶을 건축하는 데 필수적입니다! 들은 말씀이 유익하려면 믿음의 순종으로 이어져야 합니다(히 4:2). 들은 대로 행할 때에야 비로소 우리 신앙의 집이 건축되어 갑니다. 집을 짓는 것은 결코 쉽지 않습니다. 땀 흘리며 열심히 일해야 합니다. 그런데 말씀만 듣고 행하지 않는 것은 영적 게으름의 소치입니다. 바르게 듣는 것도 중요하지만 듣는 대로 행하는 것은 더욱 중요합니다.

교리 지식과 성경공부에 대한 열정 그 자체가 중요한 것이 아닙니다. 이 모든 것을 통하여 예수님이 나의 주인 되심을 드러내는 것이 더욱 중요합니다. 참된 지혜는 말씀대로 행할 때에 얻어지는 성숙입니다. 성숙한 성도는 환난이 올 때에 믿음의 뿌리를 더욱 깊이 내립니다. 그래서 인생의 풍랑이 그를 흔들 수는 있어도 넘어뜨리지는 못합니다. 오히려 더욱 견고하게 세웁니다.

셋째, 듣고 행하는 삶은 예수 그리스도 위에 세워져야 합니다! 듣고 행하는 것은 성도의 삶을 건축하는 데 있어 매우 중요합니다. 하지만 그 자체가 우리 인생의 터는 아닙니다. 우리 인생 집의 터는 오직 예수 그리스도이십니다(고전 3:11). 우리는 그리스도를 떠나서는 아무것도 할 수 없습니다. 우리가 듣고 행하는 모든 것은 오직 그리스도 안에서 이루어져야 합니다.

열매 맺는 삶, 반석 위에 세운 집, 그리스도 안에서의 풍성한 삶, 성령 충만한 삶은 모두 하나입니다. 바로 그리스도와 연합된 삶을 사는 것입니다(갈 2:20). 날마다 그리스도의 능하신 은혜를 사모하고 의지하며 그리스도와 함께 사는 것이 인생의 집을 반석 위에 세우는 지혜입니다.

ㅣ ㅣ ㅣ

적용나눔 · 말씀을 열심히 듣는 것과 열심히 행하는 것 중 어느
것에 더 열심을 내고 있나요? 그 이유는 무엇인가요?

· 들음이 행함으로 이어지도록 어떤 노력을 하고 있나
요? 들은 대로 행하는 삶과 그렇지 못한 삶이 어떻게
다른지 나누어 보세요.

· 반석이신 그리스도 위에 세워진 삶은 무엇을 뜻하는
지 나누어 보세요.

감사나눔 다 함께 감사와 기도제목을 나누고 한 주간 기도해요!

_____

_____

_____

마침기도 진리의 하나님, 주님의 말씀을 듣지도, 깨닫지도, 행하지도 못
한 저희를 용서해 주세요. 이제는 저희가 하나님의 말씀을 바
르게 듣고 행할 수 있길 원합니다. 지혜로운 건축자처럼 저희
삶을 그리스도 안에 건축할 수 있도록 이끌어 주세요. 그리스
도와 연합된 견고한 가정으로 세워져 하나님께 영광을 돌리게
해 주세요.

주기도문 가정예배를 마친 후, 서로 "사랑해요, 축복해요"라고 나눕니다.

클로징

우리는 주님만을 경외하는 가정입니다

찬양 ♪ 찬송가 449장 예수 따라가며

시작기도 선한 목자 되신 주님, 지금까지 가정예배를 드릴 수 있도록 인도해 주시고 저희 가정에 하나님 나라를 세워 주셔서 감사합니다. 저희 평생에 산상수훈 말씀을 마음에 새기고 순종하며 살아가리라 고백하오니 저희를 축복해 주시고 붙들어 주세요.

말씀배움 마태복음 7장 28절-8장 1절을 함께 읽습니다.
[28]예수께서 이 말씀을 마치시매 무리들이 그의 가르치심에 놀라니 [29]이는 그 가르치시는 것이 권위 있는 자와 같고 그들의 서기관들과 같지 아니함일러라 [1]예수께서 산에서 내려오시니 수많은 무리가 따르니라.

ı ı ı

예수님은 우리의 주님이시기에
우리는 그분의 권위에 응답해야 합니다

예수님이 산상설교를 마치셨을 때, 사람들은 그분의 권위 있는 가르침에 놀랐습니다. 그런데 요즘 주위를 둘러보면 예수님을 그저 친한 친구, 도덕가, 문제 해결사 정도로 가볍게 여기는 경향이 있습니다. 예수님의 참된 제자는 그분을 나의 구주요 주님으로 믿고 사는 사람입니다. 오늘 우리는 주님이신 예

228

수님의 권위에 옳게 반응하는 것이 어떤 것인지 함께 살펴보겠습니다.

첫째, 예수님을 경외하는 것입니다! 많은 사람들이 예수님을 배우지 못한 목수의 아들로 여기고 무시했습니다. 나사렛 시골 출신이라고 배척했습니다. 그런데 예수님의 가르침에는 하늘의 음성과 같은 신적 권위가 있었습니다. 그분의 신적 권세가 부패한 마음과 위선적 종교를 드러낼 때, 사람들은 두려움에 압도되었습니다. 그것은 경외감이었습니다.

오늘날은 예수님과의 친밀감을 지나치게 강조한 나머지 그분에 대한 경외감을 잃어버린 듯합니다. 예수님에 대하여 너무 익숙한 나머지 그분에 대한 놀라움을 잃어버린 것 같습니다. 그러나 우리는 항상 예수님이 우리의 모든 존경과 사랑, 그리고 예배를 받으시기에 합당하신 분임을 항상 기억하고 고백해야 합니다.

둘째, 예수님께 순복하는 것입니다! 예수님의 가르침은 유명한 율법선생들의 말을 인용하여 가르친 서기관들과 같지 않았습니다. 구약에 나오는 "여호와께서 이르시되"라는 표현은 말씀의 권위를 뜻하고, 신약에 나오는 "내가 진실로 진실로 이르노니"라는 예수님의 말씀은 그분의 신적 권위를 나타냅니다.

따라서 예수님의 권위를 무시하는 것은 내 권위를 휘두르는 반역입니다. 예수님을 경외하지 않는 사람은 그의 인생을 모래 위에 짓는 어리석은 자와 같습니다. 인생의 참된 성공이란 예수님의 권세 아래, 나의 모든 주장과 의견, 기분과 의지를 내려놓고 그분의 뜻에 순종하는 것입니다.

셋째, 예수님을 따라가는 것입니다! 예수님의 설교를 듣고 허다한 무리가 그분을 따랐습니다. 하지만 그중에 십자가를 지고 골고다까지 가신 예수님을 따라간 사람은 소수였습니다. 예수님의 가르침을 따르는 것은 그분이 가신 길을 따르는 것입니다.

예수님은 우리 인생 여정의 인도자요 동행자가 되어 주십니다. 우리는 오직 예수님이 인도하시는 곳으로 가고 그분이 머무시는 곳에 머무는 것이 가장 안전합니다. 예수님을 따르는 것은 무거운 짐을 지는 것이 아니라 행복한 동행입니다. 그리고 그 동행은 예수님을 배우고 닮아가는 최고의 시간입니다.

예수님의 산상설교를 들은 참된 제자라면, 더 이상 자기 마음대로 살지 않고 예수님을 경외함으로 순종하고 따릅니다. 바로 그가 하나님 나라의 행복한 백성이며 우리가 이러한 행복한 가정을 이루기를 주님 안에서 소망합니다!

ㅣ ㅣ ㅣ

클로징

적용나눔 · 왜 우리는 세상의 가르침보다 예수님의 가르침에 순
종해야 할까요? 모두 함께 "나는 나의 것이 아니요 몸
도 영혼도 신실하신 구주 예수 그리스도의 것입니다"
라고 고백해 보세요.

· 좋아하고 따르는 인기연예인, 정치인, 성공한 유명인
이 있나요? 예수님을 따르는데 그들이 방해가 된다면
어떻게 하겠습니까? 참된 성공이란 무엇인가요?

· 산상수훈 말씀으로 가정예배를 드리면서 나와 우리
가정에 일어난 가장 큰 변화는 무엇인가요? 내가 꿈
꾸는 행복한 가정은 무엇인가요?

감사나눔 말씀으로 하나 된 서로를 격려하고 축복해 주세요!

_____

_____

_____

마침기도 선한 목자 되신 주님, 저희 가정을 여기까지 인도해 주셔서 감
사합니다. 저희가 산상수훈 말씀을 통하여 고백하고 결단한 모
든 것을 받아 주시고 삶에서 하나하나 열매 맺도록 인도해 주
세요. 저희 평생에 주님만을 기쁨으로 따르고 섬기게 해 주세
요. 저희 가정이 주님 다시 오실 그날까지 예수님을 본받아 닮
아가고 복음을 전하길 원합니다.

주기도문 가정예배를 마친 후, 서로 "사랑해요, 축복해요"라고 나눕니다.

Behold, I am coming soon! Rev 22:7,12

l.l..l.l
behold

산상수훈 가정예배

초판인쇄 • 2022년 12월 23일
초판발행 • 2022년 12월 30일

지은이 • 김정호

발행처 • 비홀드
등 록 • 2019년 8월 2일 제409-2019-000037호
주 소 • 경기도 김포시 월곶면 용강로57번길 86 B동 2호
전 화 • 070 4116 4550
이메일 • beholdbook@daum.net
인스타그램 • www.instagram.com/beholdbook

©김정호, 2022
ISBN 979-11-975323-3-7
값 14,000원